首席组织官

从团队到组织的蜕变

第2版

房晟陶 左谦 樊莉 著

CHIEF ORGANIZING OFFICER

机械工业出版社
CHINA MACHINE PRESS

在过去的十年中,高度不确定性的外部环境给很多企业上了一课。之前,"大赛道+巧模式+牛团队"就能给公司带来高估值,助创始人和高管登上人生巅峰。而今,这个"成功公式"未必成立了。现在,越来越多的企业认识到必须用"组织成长"驱动"业务增长",要想"穿越周期",就得构建强大的"组织能力"。本书基于作者多年的组织建设相关经验和系统研究,全面系统地阐述了如何建立有竞争力的组织,如何塑造有竞争力的组织能力。

全书分为六章,分别是"组织与美好组织""组织创业及创作:首席组织官及系统负责人""组织能力与组织策略""建立组织的手法""文化塑造与组织""HR与组织",希望能有效助力组织的建设,推动企业实现高质量发展。

图书在版编目(CIP)数据

首席组织官:从团队到组织的蜕变/房晟陶,左谦,樊莉著. --2版. --北京:机械工业出版社,2025.6.
ISBN 978-7-111-78342-8

I. F272.9

中国国家版本馆CIP数据核字第2025WE7624号

机械工业出版社(北京市百万庄大街22号 邮政编码100037)
策划编辑:孟宪勐　　　　　　　　责任编辑:孟宪勐　牛汉原
责任校对:赵玉鑫　张慧敏　景　飞　责任印制:刘　媛
三河市宏达印刷有限公司印刷
2025年8月第2版第1次印刷
170mm×230mm · 16.75印张 · 1插页 · 212千字
标准书号:ISBN 978-7-111-78342-8
定价:79.00元

电话服务　　　　　　　　　　网络服务
客服电话:010-88361066　　　机 工 官 网:www.cmpbook.com
　　　　　010-88379833　　　机 工 官 博:weibo.com/cmp1952
　　　　　010-68326294　　　金 书 网:www.golden-book.com
封底无防伪标均为盗版　　　机工教育服务网:www.cmpedu.com

前言
• PREFACE •

没有系统能力和法治精神就不会有真正的组织

没有系统能力和法治精神,很多老板自诩的组织迟早会沦为利益团伙并不断上演"宫斗"剧,不管其对内和对外宣传的使命、愿景、价值观多么合理和高尚。

一个组织就是为达成共同目标,由有交互关系及依赖关系的部件所构成的整体。组织本身就是一个人为的社会系统。如果是一个系统,就不能用简单的线性逻辑去管理。

组织作为一个系统的重要特征之一就是它"不听话"。我们会发现,人可以被要求、被训练去听老板的话,但组织很少听老板的话,而且,规模越大越不听话。甚至,老板把人训练得越听话,组织本身就越不听话。

系统的关键词是"功能""部件""关系/连接",其中比较容易被忽略的是"功能"和"关系/连接"。你可以有各司其职的部门及岗位设置,但是这些部门及岗位加在一起远远不能实现你想要的"功能"。要想实现"功能",还需要通过流程、机制、价值观等这些"关系/连接"把部门、岗位联系起来成为一个整体。没有这些"关系/连接",组织的各个部件之间经常是相互抵消的，组织作为一个整体"不听话"就是当然的结果了。

什么是系统能力？我指的就是建立系统的能力，不是建立部件的能力，也不是操作部件的能力。建立部件和操作部件，在大部分情况下，个体有点儿拼命硬干的劲头就行了。而建立系统，需要的是更高层次的系统思考及解决问题的能力。没有系统能力的企业，在解决一个问题的时候就会创造出一大堆潜在的其他问题。久而久之，按下葫芦浮起瓢，疲于解决各种例外问题，直到整个组织完美地相互锁死。在这种情况下，改变只能等待外部冲击或内部爆发危机。没有系统能力的个人，难以成为真正的将才；如果登上帅位，那一定会为害一方。

系统是可以规划设计的，还是只能听天由命偶然进化出来？应该说，相对于国家及社会，企业还是一种相对简单、责任有限的组织。对于这种组织，人为规划设计的可能性是非常大的。如果无法建立有功能的系统，肯定可以说是组织领导层能力方面有问题。这里，请不要把系统能力仅仅理解为一种流程化的、把事情想得全的能力。对所从事的业务没有深度的理解，是难以建立有竞争力的系统的。比如，对于组织这件事，没有对组织的深度理解，就很难建立高效的组织系统。

建立组织，除了系统能力外，还需要不同风格的领导力。我把它称为基于法治精神的领导力。

对企业来说，建立组织的致命障碍是缺乏法治精神。其中最要命的是核心领导者缺乏法治精神。法治就是人治的对立面；法治与法制有着根本不同；法治也不是礼治；法治意味着透明，也意味着对领导层权力的制约；法治也意味着尊重及不伤害他人权利等。

为什么"法治"这个看似政治的概念可以适用于某些企业呢？那是因为，真正的"组织"从本质上说就是一种共同的想象和共同的信任，而不是一个非常具象和物质的东西。当然，如果你只把组织当作一帮人加上组织结构，你也可以说组织很具象。但那还不是一个组织，而是一个团伙[一]，顶多是个团队。

[一] 区别于训练有素的团队，团伙往往更加机会主义，目标短期，结构松散，协作随意，缺乏规则，稳定性低。

系统能力和法治精神，是我观察到的判断企业能否从团伙蜕变为组织的两个关键点。

两者之中，系统能力是刚需。当然，很多创业者在创业初期不会这么认为。没关系，等你长大一点儿再体会。

除了这两者之外，还有没有其他非常重要的能力要求呢？有。比如，变革艺术就是另外一个挑战。绝大部分组织领导者的挑战都不在于从零开始建立一个组织，而是变革一个组织。

系统能力、法治精神、变革艺术，建立组织的三大招就聚齐了。这三大招中的每一招都非常有挑战。

如何应对这个挑战？我在这方面的能力不够怎么办？我在组织方面没有天赋怎么办？

组织领导者的能力确实有高低，需要不断学习，但是，在"天赋"这件事情上，每个组织领导者都有"组织天赋"。

请允许我用闻一多先生经常讲的一句话来与读者共勉："诗人主要的天赋是爱，爱他的祖国，爱他的人民。"

尽管本书的大部分内容都是在理念、方法、能力上论述"如何建立组织"，但是，其更重要的目的还是在于唤醒和激发每个组织领导者的这个"天赋"。

诚挚希望本书的内容能够给你带来启发并激发你的潜力。

房晟陶

目 录
• CONTENTS •

前言　没有系统能力和法治精神就不会有真正的组织

第 1 章　组织与美好组织　/ 1
对美好组织的向往　/ 2
一号位的组织想象决定了组织的上限　/ 12
什么是组织？组织绩效 V 模型　/ 17

第 2 章　组织创业及创作：首席组织官及系统负责人　/ 29
什么是"首席组织官及系统负责人"以及为什么是"组织创业及创作"　/ 31
组织系统：用"系统之眼"看组织　/ 40
系统负责人方法论　/ 50
用制度规避"群性"的弱点，方可得组织之美　/ 55
投资及创作你的"抓手级"组织系统　/ 60
"化系统为产品"及创新型组织形态　/ 63

第 3 章　组织能力与组织策略　/ 68

什么是组织能力和战略性组织能力　/ 69

有竞争力的组织能力是怎么产生的　/ 86

内功不可乱练，困难期是更新组织策略的机会期　/ 93

做好组织工作，需要创作很多 Know-how　/ 97

第 4 章　建立组织的手法　/ 109

建组织要先 to B 再 to C，先"公正"再"仁爱"　/ 110

专业多一分，组织里的"宫斗政治"就会少半分　/ 114

野蛮成长不是忽视组织建设的充分理由　/ 119

组织方法论的层次　/ 123

组织类工作的闭环　/ 131

组织发展中一个常见的"恶性循环"，你的公司有吗　/ 136

战略需要组织保障，组织工作靠什么保障　/ 144

建组织不能"干大事而惜身，见小利而忘命"　/ 151

第 5 章　文化塑造与组织　/ 154

如何塑造文化？绝大部分公司都忽视了"中三路"　/ 155

文化就是"标准"，你同意吗　/ 165

对《龙湖的主流"社会价值观"》一文的回顾　/ 172

有真故事的组织才能凝聚高量级的人才　/ 194

你的公司有没有打动心灵的组织愿景　/ 197

第 6 章　HR 与组织　/ 201

HR 必须懂业务吗？这件事得有三个前提　/ 202

人力资源部要不要改名？切忌换汤不换药　/ 206

没有组织思想和组织方法论，业务高管来管 HR 也会"命运多舛"　/ 218

做好 HR 一号位，需要什么特质　/ 226

怎样成为一个令人讨厌的人力资源人员　/ 236

何为"用生命影响生命"　/ 243

缺乏进攻性，是 HR 上不了台阶的普遍原因　/ 246

创始人叹优秀 HR 难寻，不少 HR 却怨怀才不遇　/ 250

后记　一群各有毛病的人，有可能建立美好组织吗　/ 258

第1章
· CHAPTER 1 ·

组织与美好组织

对美好组织的向往

每个企业都很不同。不过，不管企业多么不同，在为客户提供产品及服务、为股东获取资本回报、履行企业社会责任的过程中，它们都不可避免地要为其成员提供一个相同的产品："组织"。在"组织"这个维度上，每个企业的用户都是相同的：其员工及利益相关方（如员工的亲属）。每个"组织"都要面临这些员工及利益相关方的评价。"组织"比较好，员工就贡献更多的力量、服务更长的时间。反之，他们就可能出工不出力或者"用脚投票"。

产品和服务可以用质量及性价比来做比较，资本回报可以用高低来衡量，社会责任贡献可以用大小来评议。在"组织"这个维度上，用什么样的定语来描述呢？想来想去，我觉得用"美好"作为定语比较合适。"美好"具有很强的主观性、多元性、阶段性，这恰恰反映了"组织"这个产品的特点。

在此前的三四十年里，绝大部分成功的中国企业并不需要"美好组织"。原因是多方面的。

在二三十年以前，在中国的企业界，"组织"这个产品是稀缺的。那时候，只要企业能做到按时发工资，绝大部分员工就满意了，哪里还敢要求其他的。最近这二十年，企业如果能够为客户提供70分左右的产品及服务，加上偌大的一个中国市场，就可以野蛮生长很多年，而要提供70分左右的产品及服务，企业也真不必费力去建立一个"组织"。有个不错的"团伙"就可以在资本市场上获得超高的估值。

有些企业冒着被"劣币"驱逐的风险，致力于为客户提供优质的产品和服务。这样的企业确实需要"组织"。不过，这部分企业中的绝大部分都不涉及真正的技术创新，所以对"美好组织"的需要也不够强烈。

在过去十多年里，新经济本有更多的可能建立"美好组织"，但其中大部分公司仰仗资本的加持，在一个超级市场里，很大程度上也规避了对"美好组织"的投资，而且，最近几年，很多新经济企业越来越向资源型、营销型、资本型靠拢，逐渐沦为"庸脂俗粉"。

所以，我们可以说，在过去的三四十年里虽然产生了很多"成功企业"，但并没有产生太多"美好组织"。

下一个时代，企业为什么需要创作"美好组织"

在可见的未来，市场红利仍然会持续相当长时间。大量的资源型、营销型、资本型企业还会因此继续活得不错，"成功"而不"美好"的组织还将继续大量存在。

但是，中国到了当下的发展阶段，无论企业方还是员工方，对"美好组织"的需求都将发生重要转变。促成"美好组织"这个需求转变的原因包括：人口红利的衰减、国际政治及经济竞争要素的变化、"00 后"大量进入职场、不再有低消费者／低环境权益、中国企业更加国际化，等等。

对企业方来讲，没有"美好组织"，就难以实现竞争力的转型升级。对员工方来讲，"对美好组织的向往"就是"对美好生活的向往"的重要组成部分。对社会来说，"成功且美好"将逐渐成为新的审美。换句话说，随着时代的发展，"美好组织"从过去的"奢侈品"逐渐成了建立长期竞争力的"必需品"。意识不到这些变化的企业，以及虽然意识到了但无法实现转变的企业将逐渐陷入被动。能意识到这个趋势，并能顺势而为的企业将有机会后来居上。

规模大、发钱多、发展快、估值高，这些要素能有当然好，但这些都是"成功企业"的标配，而不是"美好组织"的标配。下一个时代"美好组织"会有什么新的标准呢？

我认为，下一个时代"美好组织"的标准有三条（见图1-1）：第一条是充分发展的个人；第二条是能产生知识进步和技术创新；第三条是不作恶。能做到第一条加第三条，就算是"美好组织"。如果再做到第二条，就是"美好组织"中的佼佼者。第三条是个负面清单。我们虽然不能要求经济企业承担促进社会价值观进步的责任，但可以要求它们不要促使社会退步。

图1-1 "美好组织"的标准

如何创作下一个时代的"美好组织"

要创作这样的"美好组织"，仅仅用"组织管理技巧"是不够的。在"组织管理技巧"之前必须要有"组织治理"的价值观。我观察到的现象是，在软性方面阻碍企业家建立"美好组织"的不是他们的管理技巧，而是底层的原则和价值观。

在创作"美好组织"方面有没有一些可以相对长期把握的原则和价值观呢？我觉得可能有，毕竟组织的主要客户就是人，而且根据历史经验，人性也没有那么多变化。下面，我就来试着抛出几块"砖"。

第一个原则：自愿

第一个原则是自愿，即尊重对方意愿，非强迫、非操纵、非误导。所有强迫、操纵、误导都会被反弹、被报复。这不仅针对员工，外部客户也一样。对于外部客户，因为与经济利益直接相关，这个原则容易衡量，违反时容易被曝光。但用于"组织"这个产品，这个原则很容易被暗中打折扣。

自愿这个原则与"充分发展的个人"之间的关系显而易见。但是，很多人没有意识到这个原则更重要的作用是促进知识进步及技术创新。

自愿是产生知识进步及技术创新的基础和前提。有自愿才能有真正的主动性，这样才能可持续地产生新知识。你可以逼迫人进行体力劳动，但很难逼迫人实现知识进步及技术创新。从自愿到实现知识进步及技术创新，这个逻辑是尊重个人意愿的根本原因。

民营企业，本来就是一群人"自愿"联合起来的、以实现盈利为目的的组织。这种自愿联合不仅适用于出资人之间，出资人与员工之间也是自愿联合的关系。尤其是对于偏知识经济型的企业，即使员工不占股份，但如果不尊重自愿这个原则，也不可能有竞争力。

自愿原则应用于企业管理时，可以有很多应用场景。比如，"996"作为一个现象在创业公司中普遍存在，但员工自愿的"996"和公司出勤政策明确要求员工"996"是两个性质完全不同的事情。再举个例子，在员工调动中，事前是否征求被调动员工的意见是个原则问题。组织可以动之以情、晓之以理、诱之以利，但最后必须由员工自己明确表达是否同意。

第二个原则：不伤害

"自愿"有没有边界？这就涉及了**第二个原则：不伤害**。

有一种领导风格是"父权式"的。简单地说，就是可以以"为你好"为名剥夺员工的"自愿"。一些父母在教育孩子的时候，也是秉承这样的原则。走到极端，这个"父权式"的领导风格就是"让你干什么你就干什么"。这种领导风格对于非知识进步及技术创新型的企业、在低竞争的市场环境下是可以混得过去的，而且，因为在我们的传统文化中，这种领导风格持续了相当长的时间，在组织内的学习及使用成本都比较低，秉承这种原则的组织在一定阶段内看起来反而更有效率。

但如果想要实现个人充分发展加上知识进步及技术创新，就得有所转变。在实现这个转变的过程中，因为压抑的太久了，很容易走偏到"我想干什么就干什么"或者"你让我干什么我偏不干什么"。这就像把"什么活都不干"定义为自由。所以，我们还得对"自愿"进行一定的制衡。

与"为你好"相对应，可以使用的一个原则就是"不伤害"。什么叫作"不伤害"呢？在《论自由》这本书中，约翰·穆勒认为，公权力只有在阻止个人对其他人造成伤害时，才可以出手干涉个人的行动自由。这个原则就叫"不伤害"。"不伤害"是个政治理念，不完全适用于企业。不过，在创作"美好组织"的时候，"不伤害"原则是可以作为参考的。这个"不伤害"可以用于指导公司如何对待员工、员工如何对待其他员工、员工如何对待公司、员工如何对待外部客户等各个方面。这样一来，这个"不伤害"原则就对"自愿"进行了一定限制，也就是说，"自愿"的边界就是"不伤害"。

第三个原则：员工权利

"不伤害"的宾语是什么呢？这就引出了**第三个原则：员工权利**。

尊重利益相关方的权利是"不作恶"的重要内涵。这里面说的权利，既包括内部员工的权利,也包括外部客户及合作方的权利。我这里重点讲不伤害员工的权利。

员工的权利不仅包括工作时间等相对表面的、可以放在劳动合同里面的权利,还更多地涉及深层次的权利。比如,员工有没有选择不发展的权利?员工有没有不认同公司主流价值观的权利(当然是在不触及公司红线的前提下)?员工可不可以有对企业没什么用处的个性?公司可以考核员工的"价值观"吗?公司强大的目标要置于个人自愿之上吗?

这些问题都涉及公司权利与员工权利的边界问题。严复在翻译约翰·穆勒的《论自由》时,把书名翻译成《群己权界论》,即"论群体与个人之间的权利界限"。我觉得这个书名虽然没有像《论自由》那样直译英文原文"*On Liberty*",却触及了每个中国人在这个问题上的核心困惑。可以说,对于任何一个想创作"美好组织"的企业来说,如何画这条"群己权界"线就奠定了整个组织价值观的基础。

这里我还要强调一下,这里所说的员工不仅包括中基层员工,也包括高层员工,甚至包括老板。每个层次的员工都要有其相应的权利。管理者也必须有其权利。比如,在晋升和任用这件事情上,老板及高管必须有一定的自由裁量权。晋升和任用,尤其是中高层的晋升和任用,不可能完全脱离主观,也不可能用数学公式决策。如果中基层员工要求老板及高管这样来做晋升及任用决策,那也是在侵犯老板及高管的权利,导致老板及高管无法履行他们的职责。

这个"员工权利"的问题,在企业走向国际化的时候会变成一个基本要求。如果一个企业试图用"高大上"的使命、愿景、价值观来说服员工这是"为你好",从而让员工自愿放弃一些权利的话,这个逻辑将会让企业付出沉重的代价。这种逻辑,即使不走出国门,对很多"00后"的员工也将越来越无效,他们的想法可能是:你能做到"不伤害"我的权利就够了;"对我好"不是你的责任;你甚至都无法替我判断什么是"对我好"。

第四个原则:透明

在自愿、不伤害、员工权利这三个原则之后,会有一个帮助、监督这三个原则实现的**第四个原则:透明**。透明的近义词是"公正"及"法治"。不过,企业不是公权力部门,用"公正"和"法治"这两个词有点大,但这并不妨碍企业参考"公正"和"法治"的一些原则。

什么是组织的透明?对于员工来说,关键是用人导向及标准的透明、人事决策流程的透明、组织设计意图的透明、价值观行为要求的透明等。不透明的组织中什么能力最关键?揣摩能力。不透明的组织就是在提倡丛林法则。丛林法则是基于蛮力的弱肉强食和原始竞争,与个人充分发展加上知识进步及技术创新所需要的氛围是格格不入的。

这里注意,各种组织政策的公开仅仅是透明的一小部分。关键是,政策是如何制定及如何执行的。组织需要的是法治而不是法制。建立法治的基础是"法治民风"。没有"法治民风"基础的公司制度会逐渐演变为管理上的左道旁门,使员工逐渐失去对组织的信任。这个"法治民风"从哪儿来?对于企业这样一个不大的组织来说,完全可能从创始人及核心高管的率先垂范而来。

透明对谁有利?很多人觉得透明主要是对中基层员工有利。确实,中基层是首先的、直接的受益者。但是,透明不仅可以保护中基层员工,也可以保护高层管理者。举个例子,在标准不透明的时候,管理人员极易遭遇员工的舆论暴力。在不透明的组织里面,在这种时候,老板就不得不权衡得失、顺应民意,以利弊的权衡代替事情的正确与谬误。可以说,只有透明,高层管理者才可能有安全感。若高层管理者没有安全感,中基层员工的安全感和希望感都只是暂时的。可以说，对于组织的所有成员而言，透明就是服务，透明就是赋能，透明就是赋权。

通过不透明，老板当然可以得到任意行事的"自由"。但是，老板毕竟不像过去的皇帝一样是唯一的雇主且握有生杀大权，高层成员绝对不会任人摆布、坐以待毙。能留下来的人，都是有一些手段可以反制老板的，而且，上行下效，这些高管也要享受像老板那样的"肆意妄为"的权力。于是老板和高管形成了一个"完美"的团伙，把这个组织弄成一个大"酱缸"。大家表面上其乐融融，背地里各怀鬼胎。至于组织的一般成员，能忍得了就混着，忍不了则赚一把就走，觉得受到不公正对待的还可以挖完坑再走。

在这种文化环境下，谈论个人充分发展、知识进步、技术创新有点不合时宜吧？搞点资本运作、收购兼并还算"气质"匹配。这就是利益团伙，而不是组织。

透明对老板有没有利？粗放式发展的时候，不需要提供优质的产品和服务的时候，有大量的人口红利、低消费者权益、低环境权益的时候，透明对老板真的没什么明显的利。不仅没什么利，还可能碍手碍脚，至少会拿走老板"任意行事的畅快"。只有公司发展到需要员工发挥创造力的时候，透明才显得有需要。当然，当老板意识到这种需要的时候，组织一般都已经积重难返了。

要实现前面这四个原则——自愿、不伤害、员工权利、透明，需要对整个组织多方面的能力提出不同的要求。首先，对组织成员沟通、协商、讨论能力的要求大大提高了。其次，对企业家、高层人员领导风格的要求变化了，"父权式"的领导风格将遭遇挑战。最后，对中基层人员的"被领导风格"也提出了一些不同的要求，那些等候领导给自己安排好发展路径的人将不再是优秀员工的标杆。另外，这四个原则与中国传统道德的修炼方法还是有所不同的。这几个原则都偏"公德",或者说公共精神,而中国传统的八德"孝、悌、忠、信、礼、义、廉、耻"等更偏适用于小范围的"私德"。

所以,可以想见,这些改变都不是轻而易举可以实现的。但是,如果企业的竞争力需要充分发展的个人加上知识进步及技术创新,这些改变似乎难以规避。当然,也不必把事情想得那么难。如果某个企业能率先实践这些原则,它也会更早、更多地享受"组织红利"。

第五个原则:生命力

前面谈到的四个原则,大家可能会觉得有点偏西方、偏政治、偏过程。为了平衡这四个原则可能造成的误导及"水土不服",我得抛出**第五个原则:生命力**。提出"生命力"这个原则是为了制衡在使用四个过程性原则时过于偏激而导致组织丧失生命力。所有原则都不能极端、僵化、理论化。

比如,一提到组织,很多人就容易想到秩序,但秩序只是组织的一面,过于强调秩序必然会湮没生命力。生命力原则就是要实现混乱与秩序的平衡、矛盾与和谐的平衡、模糊与清晰的平衡。组织可以强调透明,但不能把组织变成温室,回避必要的良性竞争。

"生命力"这个原则不是偏过程的,而是偏结果的。它不是政治理论,逻辑性不强,略带相对主义及生存意志倾向。提出生命力原则也是在强调,企业组织作为人创造出来的产物,不能凌驾于人之上。虽然下一个时代"美好组织"的重要标准是充分发展的个人以及产生知识进步及技术创新,但这些标准本身也是阶段性的、局部的。生命力要比这两个标准更丰富一些。

最后总结一下。前面谈到的五个原则绝对不是什么管理技巧,而是有关组织治理的价值观。可以参考的原则肯定不止这五个。我的目的只是想通过抛砖引玉的方式来激发企业家的组织想象力。企业家如果在价值观层面没有自己的定见，而是寄希望于通过各种管理技巧去建立一个美好组织，那就是沙上建塔。

我希望，会有更多的企业家及高管，创作出更多的"美好组织"。

本节作者为房晟陶

一号位的组织想象决定了组织的上限

什么是组织想象？组织想象为什么重要？本节我们简单谈谈。

1

一个公司的一号位会在以下这六个方面有意、无意地用力。

- 以**"温暖"**提高员工归属感，以期得到承诺及投入。
- 以**"赋能"**提高员工能力及自信，以期得到绩效及品质。
- 以**"纪律"**促进员工协同一致，以期得到高效执行和秩序。
- 以**"赋权"**保护员工勇气，以期得到企业家精神的土壤。
- 以**"竞争"**激发和检验员工的勇气及能力，以期得到突破及创新。
- 以**"激励"**提供认可，调动员工欲望，以期持续得到想得到的东西。

注意，这里的激励主要指的是晋升加薪这种外在激励。而其他五项，每项之中都有相当大的"内在激励"成分。

2

温暖、赋能、纪律、赋权、竞争、激励这六个要素，你所在的公司如何排序及组合？

这种排序及组合与一号位个人的理念及价值观有什么关系？一号位表面上所重视的和公司实际的情况有什么差距？

对这些要素的排序及组合，就构成了一个人的"组织想象"。当然，这六个要素肯定没有穷尽所有，肯定还有其他的 X 要素。

用一个公式来表述，即**组织想象** = f（温暖，赋能，纪律，赋权，竞争，激励，X）。

不同的组织想象，即不同的排序及组合，有没有对错之分？

应该说，没有严格的对错之分。

但是，不同的组织想象适合的情况会不一样，其所决定的组织的上限也不一样。

3

我们用公司发展阶段来进一步理解六个要素。

- 小公司，要善用"温暖"。
- 从小变大，挑战在于"赋能"，但不能缺乏"纪律"。
- 大公司，要学会"赋权＋竞争"。
- "激励"贯穿在各个阶段。

公司小的时候，命运和前途处于风雨飘摇之中，吸引人、保留人的资源不多，用心对人是一个重要的手段。员工愿意跟着你，更多是认同你这个人（创始人、联合创始人）；如果对你这个人不够认同，哪里来的承诺和投入？同时，因为公司小，"温暖"也有条件实现：所有人都彼此相识。

在公司小的时候，有些公司选择温暖大于激励，有些公司选择激励大于温暖。

公司从小变大的过程中，光有"温暖"是远远不够的，"能力"也很重要。不然，即使有机会也抓不住。比如，在这个阶段，一号位的"慧眼识人"能力就是一个公司高杠杆的竞争力。

当然，从小变大的过程中，没有"纪律"也是不行的。对于"能力"要求不高的行业或者竞争阶段，"纪律"甚至会比"赋能"更重要。

同样，公司在从小变大的过程中，有些公司选择赋能、纪律大于激励，有些公司选择激励大于赋能、纪律。在这个阶段，如何处理"温暖"是个挑战。很多公司会从"温暖型"变成"纪律型"，结果初期的很多员工觉得不太适应，就离开了。

到了大公司阶段，公司已经建立了基本的行业地位，有了基本的"能力"和"纪律"，吸引到基本面不错的员工已经不是挑战。公司也建立了各种机制，以保证员工对战略方向的承诺及投入（比如OKR、KPI、绩效管理及奖金等）。

组织方面的挑战变成了：如何源源不断地产生有企业家精神的人才，即如何源源不断地产生"真高管"？

想要"源源不断地产生真高管"，只靠一号位的"慧眼识人"是不够的。一个大公司必须建立一整套机制，"源源不断地产生真高管"。

但是，我们必须认识到，不管建立什么样的机制，总会有人剩下来。"剩者为王""逆向淘汰"是非常容易"自然发生"的事情。

所以，更关键的是机制背后的目标、理念和价值观：如何挑出那些有企业家精神的"真高管"？

温暖？赋能？纪律？再加上激励，这些能产生企业家精神吗？

这些还不够。

我认为"赋权＋竞争"更重要。

为什么"赋权"很重要？**因为赋权可以保护勇气，而勇气是企业家精神的基础。**

"勇气"是比"自信"更难得的一种品质。能力经常能带来自信，但是能力并不能带来勇气。

什么是赋权？我认为"不侵犯他人权利"是对赋权的最佳定义。给权不是赋权，因为是给的就可以拿回来；捍卫别人的权利是赋权；参与、表达、透明是赋权；法治是赋权，法无禁止即许可就是赋权；对生态合作伙伴的契约精神是赋权。

当然，赋权也给勇气界定了边界，你的勇气不能损害别人的权利。不然，所谓的勇气就成了戾气：那种敢于伤害他人的戾气。

但是，光有赋权保护勇气是不够的。我们还需要通过"竞争"来进一步激发和检验勇气，以及能力。没有突破和创新，怎么证明你真有勇气和能力？

于是，"赋权+竞争"就保护、激发和检验了企业家精神。当然，还需要用"激励"来进一步认可、回报企业家精神。

4

有一种情况是需要六个要素都很强的，那就是当一个中大型公司遇到生存挑战时。

如果你去观察的话，当遇到生存挑战时，温暖、赋能、纪律、赋权、竞争、激励这六个方面就是领导们轮流强调的重点：说到对外问题时强调竞争、纪律，说到对内管理时强调赋权和赋能，谈到员工感受时强调温暖，谈到行动目标时经常要强调激励（重赏之下必有勇夫）。

目前，有很多中大型公司都遇到了前所未有的生存挑战。

在应对生存挑战时，企业中高层的勇气和承诺是翻身的关键。

但是，勇气和承诺不是靠号召、激励（重赏）就能迅速得到的。

一个公司要想做强、做大、做久，必须在市场情况好的时候就在组织管理中平衡"赋权与纪律""温暖与竞争"。比如，如果平时只强调纪律，不强调赋权，中高层的勇气就会被系统性地扼杀；如果只强调温暖，不强调竞争，那就很容易成为不问绩效、不论对错的"家文化"。

如何实现平衡？核心是赋能。用赋能来平衡赋权和纪律，用赋能来平衡温暖与竞争。

如果用"激励"作为支点，短时间内会更有效，但经不起时间的检验。

能力就是勇气和承诺的支点；赋能是一个组织需要长期持续投资的重点。

只有这样，当公司面临生存挑战时，才会得到真正的勇气和承诺。

如果一号位没有这样的认识高度和组织想象，没有在平时就做好这样排序和组合，遇到生存挑战的时候只能是悔之晚矣。

从这个角度讲，一号位的组织想象决定了一个公司的上限。

5

一个人，为什么会非常相信某个要素的力量？相信的背后是什么？

- 温暖，背后的精神实质是"仁爱精神"。
- 赋能，背后的精神实质是"求知精神"。
- 纪律，背后的精神实质是"生存意志"。
- 赋权，背后的精神实质是"信仰精神"及"平等精神"。
- 竞争，背后的精神实质类似于"权力意志"。
- 激励，背后的精神实质类似于"力比多"[⊖]（人的本能）。

这六个要素是不是相互冲突的？是不是相信了这个就没办法相信那个？

不是的。六个要素之间肯定是有张力的，但是，它们之间完全是可以形成高强度的平衡的。

优秀的一号位能够在这些看似冲突的要素之间实现高强度的平衡，这种平衡的强度决定了组织的上限。

本节作者为房晟陶

[⊖] 心理学名词。力比多指人类生而具有的驱使个体寻求快感的心理能量，主要是性本能的能量。

什么是组织？组织绩效 V 模型

在"什么是组织"这一节，我们从"组织模型"的角度回答这个问题。

每个高管都有看待组织的思维模式

在公司管理中，往往会遇到这样的挑战：高管团队谈具体业务问题的时候，还能较好地达成一致，采取行动；但是谈及组织问题的时候，会非常低效，或者难以讨论，或者彼此伤害。久而久之，高管团队将"选择性遗忘"组织相关议题的讨论，直至组织问题积重难返。

每个高管都有看待组织问题的"思维模式"。思维模式体现了高管个人在组织问题上的思维定式、偏好，反映了个体的经验及偏见，而且很大部分都是无意识的。这就像盲人摸象一样，从个体的角度看，每个人的思维模式都是合理的，但每个人都没有看到全貌。

图 1-2 呈现了一种典型的看待组织的思维模式（姑且称为"三点式"组织思维模式）。秉持这种思维模式的领导者，自己都未必意识得到自己有这样的思维定式，但是旁观者可以从观察该组织管理者的管理决策行为中发现端倪。在日常的管理中，这类领导者最喜欢做的事情是调整战略、调整组织构架，或者调整薪酬激励方案。在他们看来，组织管理只需要抓住"战略""组织构架"和"激励"三个要素就差不多了。更有甚者，由于战略是由领导者制定的，否定自己往往需要难得的坦诚和莫大的勇气，所以有这种思维模式的领导者，对于调整组织构架情有独钟，对于改进激励方案

图 1-2 "三点式"组织思维模式

乐此不疲，但一般不会反思是不是自己的战略选择有问题。"组织构架"和"激励"这两个杠杆在简单的、小型的组织中可能很实用。但随着组织规模的增大，这种简单的逻辑不仅无助于解决组织问题，甚至经常还是组织问题的来源。随着组织发展进入新阶段，组织领导者的思维模式需要升级蜕变。

你去看什么，你就会看到什么；你去找什么，你就会找到什么；你使用的模型决定着你能发现什么。组织管理方面经典著作《组织》的作者詹姆斯·马奇认为，大多数问题组织对自身缺陷存在着"功能性盲区"，它们痛苦，不是因为它们解决不了问题，而是因为它们根本看不到自己的问题。

不少组织管理专家提出了他们看待组织的模型，也有一些优秀的企业在组织管理实践中总结了它们的组织模型。例如，麦肯锡的汤姆·彼得斯和罗伯特·沃特曼在《追求卓越》中介绍的7S框架模型；IBM使用的业务领先模型（BLM），后来也被引入华为，成为组织管理者链接战略和组织的方法论；加尔布雷思提出的五星模型（star model）；宝洁常用的组织绩效模型（organization performance model，OPM），等等。这些与组织相关的思维模型，为企业领导者提供了很好的借鉴。

在领导团队中建立组织方面的"共同思维模式"，即"共同语言"，能够提高领导团队看待组织问题的系统性，有助于将组织问题转化为组织议题，减少争吵、伤害，促使公司组织进化得更快、更好。

一个好的组织模型需要通过三方面的"压力测试"。首先，它要具备一定的系统性。组织问题本来就是个系统问题，如果模型本身有重大盲区，则事倍功半。其次，在保持基本的系统性的前提下，模型不能太复杂，太复杂的模型会影响可用性。最后，组织发展是个动态过程，对模型的动态性也提出了要求，即模型要能适用于组织发展的不同阶段。

组织绩效V模型是我们过去常用的模型。我们希望通过对一个组织模型的介绍，从另外一个角度去回答"什么是组织"这个问题。

组织绩效 V 模型简介

组织绩效 V 模型由五个大的要素组成：环境、目标 & 战略、系统、能力 & 文化、结果。各个要素的简介如图 1-3 所示。

环境
• 宏观环境（政府、经济、法律、环境、技术等）
• 产业环境 / 产业价值链
• 市场及客户，竞争对手，供应商或资源方
• 主要股东、投资方的需求
• 母公司、集团总部、相关职能 / 业务单元（BU）的需求
• 组织内能力 & 文化现状

结果
• 公司目标达成情况
• 市场地位 / 竞争地位
• 员工满意度
• 公司市值
• 社会、政治、法律等方面的表现

目标 & 战略
• 目标（短期、中期、长期）
• 整合战略 =f（业务战略，使命愿景，组织策略，价值观）
– 业务战略
– 使命愿景
– 组织策略
– 价值观

能力 & 文化
• 组织能力是指一个组织以"为客户创造价值并超越竞争对手"为目的而创造的一套能力要素组合
• 组织文化是指组织成员在为相关方创造价值的过程中沉淀的普遍行为、共同理念以及无意识的基本假设
• 组织要素包括正式组织、人才、文化、工具 / 设备 /AI、流程 / 机制 / 系统等
• 组织的相关方包括客户、供应商、员工、股东、社会等

系统
• 系统是由相互作用、相互依赖的若干部分组成的，是具有特定功能的有机整体，而且这个有机整体又是它从属的更大系统的组成部分：①系统是由若干要素 / 部件组成的；②系统有一定的结构关系（系统内部各要素 / 部件之间有相对稳定的联系方式）；③系统总体呈现出一定的功能（或者说达成一定的目标）
• 组织系统的定义：若干流程、机制、目标、价值观、场景、能力等结合起来，共同完成某一特定的连续性组织功能，就形成了组织系统
• 十大组织系统：核心业务流程 / 机制、战略协同及绩效管理系统、组织结构及决策系统、信息及数据系统、人才选育用留系统、知识进步及技术创新系统、激励及全面回报系统、文化管理系统、战略生成及领导者进化系统、组织及变革管理系统

图 1-3 组织绩效 V 模型的要素简介

组织绩效 V 模型与三个层次的成功

组织绩效 V 模型将企业的成功分为三个层次，适用于企业的不同发展阶段，如图 1-4 所示。

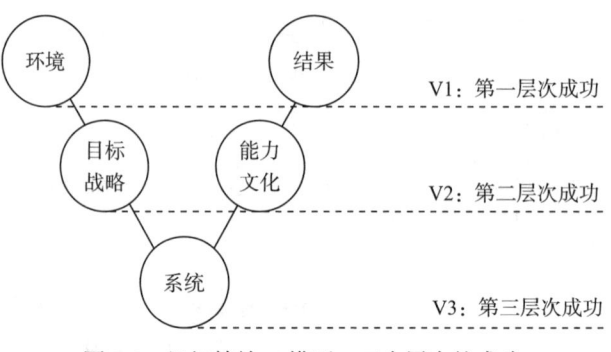

图 1-4　组织绩效 V 模型：三个层次的成功

图 1-4 所示的企业成功的三个层次，适用于企业的不同发展阶段。第一层次成功的核心因素是勇气、行动、运气，适用于行业初期及小组织（团伙）。第二层次成功有三种可能，或在"目标 & 战略"上比较好，或在"能力 & 文化"上比较好，或两者都比较好，适用于行业发展中期、中等规模组织，以及对产品和服务的功能性、安全性要求不是很严苛的行业及阶段。第三层次成功适用于行业充分竞争期、大规模组织，以及对产品和服务的功能性、安全性、缺陷率要求比较严苛的行业及阶段。

第一层次成功（1.1）

图 1-5 展示了第一层次成功的路径（1.1）是从环境到结果，或者从环境到目标再到结果。

在这个层次上成功的典型特点是机会主义，根据环境要素的变化，依靠眼光、勇气、行动、资源、运气、个别能人、兄弟伙伴达成"结果"（经常仅以短期的财务收益为目标）。这种路径适用于行业初期及公司发展初期，离真正意义上的组织还有很远的距离。

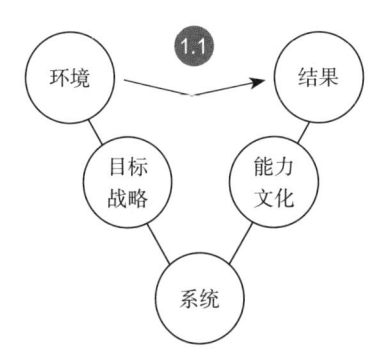

图 1-5　组织绩效 V 模型第一层次成功的路径（1.1）

第一层次失败（1.2）

依靠机会主义小有成功后，如果不能实现目标和人才的匹配、从个人到团队的进化，很多小老板做大、做强的梦想反而容易导致他们失败。图 1-6 展示的这个阶段容易出现的现象是在目标上好大喜功，在用人上寄望于通过找到"高人"来立竿见影地解决问题。

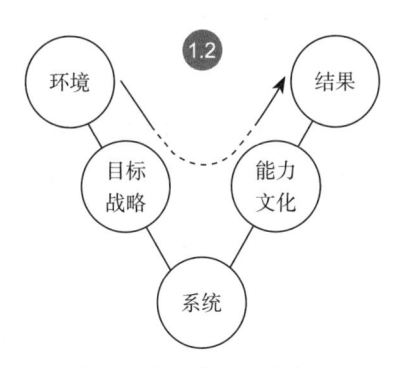

图 1-6　组织绩效 V 模型第一层次失败的路径（1.2）

第二层次成功（2.1）

一些领导者在取得第一层次成功之后，进一步发挥了在目标和战略方面（商业模式、投资策略、营销手法）的天赋，就可以取得第二层次成功如图 1-7 所示。从目标到战略的进化，也不是一件容易的事情。

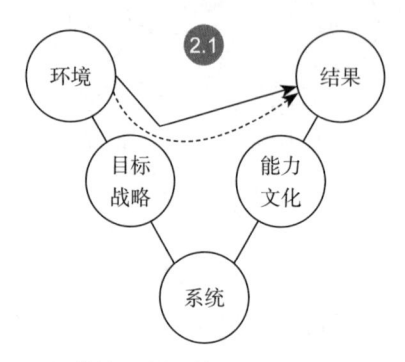

图 1-7 组织绩效 V 模型第二层次成功的路径（2.1）

此时，创始人还不会依赖人（除了极个别共同创业的元老亲信）和组织，所有关键决策都由创始人一人把持。在这种情形下，创始人可能会过度使用自己战略方面的天赋，出现"理想主义"甚至"冒进"，"没有做不到的，只有想不到的"，忽略了现实风险，成功很可能昙花一现，然后轰然倒下。

第二层次成败（2.2）

也有一部分企业领导人，在经历第一层次成功之后，实现了从"个人能力 & 行为"到"团队能力 & 普遍行为"的进化，其领导的组织也可以取得第二层次暂时的成功，如图 1-8 所示。这些领导人往往是"精神领袖"，在"人治"方面有深厚的造诣。在他带领下的公司，员工非常热爱公司；公司发展对老板、高管、老员工的依赖严重；很难自我变革走向职业化，职业经理人也很难融入；公司容易走向人情化，最终发展速度受影响，规模大时事倍功半，可能会慢慢腐化直至衰亡。

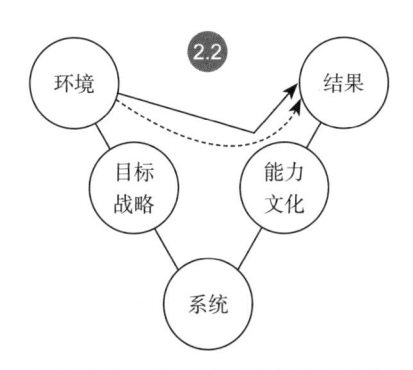

图 1-8　组织绩效 V 模型第二层次成败的路径（2.2）

第二层次成败（2.3）

也有一些公司，不仅实现了从"目标到战略"的进化，还实现了从"个人能力 & 行为"到"团队能力 & 普遍行为"的进化，而且还能将"目标 & 战略"和"能力 & 文化"通过流程 & 机制匹配起来。这样的公司看起来已经非常像一个组织。一般来说，达到这个水平的公司在行业里面一定已经取得了一席之地，公司的领导者也可能成了领一时风骚的"枭雄"。

不过，在这个阶段，"目标 & 战略"与"能力 & 文化"之间一般只是用一些粗线条的流程及机制来连接，还没有深入到系统层面。这种组织在规模中等且还没有经过大风大浪的时候还可以，但是，一旦规模、复杂性进一步增大，外部环境挑战性提高，其组织效率就会直线下降。图 1-9 展示了这种组织，它们是第二层次成功的组织中的佼佼者。

第三层次成功（3.1）

组织绩效 V 模型第三层次的组织，我们将它们称为"深 V 形组织"，它们具备一流的战略能力和一流的组织执行力，如图 1-10 所示。要到达这个层次，最重要的进化是"目标 & 战略"与"能力 & 文化"之间通过"系统"深度匹配。对于想取得第三层次成功的企业来说，其需要的关键进化是"系统"。流程、机制等都是系统的重要部件，但仅有流程和机制还远远不是系统。

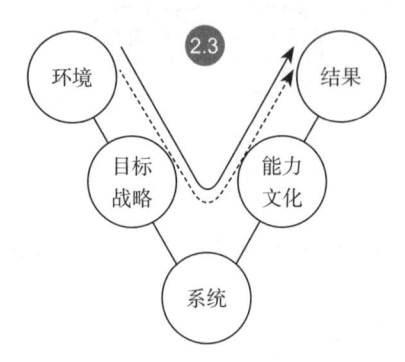

图 1-9　组织绩效 V 模型第二层次成败的路径（2.3）

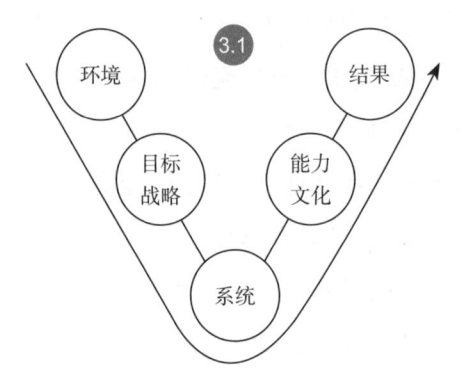

图 1-10　组织绩效 V 模型第三层次成功的路径（3.1）

第三层次成功的组织可以及时应对"环境"的变化，产生适合的"目标 & 战略"；"目标 & 战略"可以通过"系统"转化为"能力 & 文化"；"能力 & 文化"导致了"结果"。这样的组织，深层次的"毛细血管"已经打通，把"能力 & 文化"建在"系统"上，是真正"值钱"的组织，能够持续不断地创造价值。很多成了行业巨头的公司，都做到了（至少阶段性做到了）"目标 & 战略—系统—能力 & 文化"这三者之间的匹配。

第三层次成功后的退化（3.2）

组织是需要持续更新迭代的。第三层次的组织在成功一段时间后，也会出现退化的风险。

在深"V"阶段享受了组织红利之后，如果不能保持居安思危的心态，对外部变化开始不敏感，或解读能力弱化，或反应速度变慢，就会开始成功之后的退化，如图 1-11 所示。当然，深"V"组织的红利还可以让组织吃点"老本"，一旦给组织输入正确的目标 & 战略，靠组织的"系统"，以及组织中沉淀的"能力 & 文化"，还可以维持一段时间的高绩效。但是，部分接近核心决策层的高层已经开始感觉到危险，可能会选择"功成身退"或"改换门庭"。

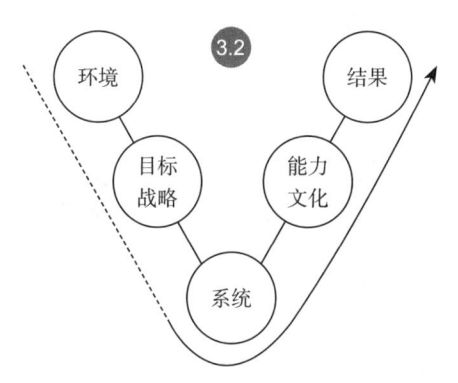

图 1-11　组织绩效 V 模型第三层次成功后的退化（3.2）

如果高层还不警醒，不能保持之前"创业的姿势"，组织会进一步在"目标 & 战略"层面蜕化，然后逐渐蔓延至组织"系统"层面的蜕化。到这时候，中高层员工已经能够普遍感觉到问题的严重性。虽然依靠既有的"能力 & 文化"还能维持一段时间，但是员工肯定事倍功半。

第三层次成功后的退化（3.3）

图 1-12 展示了第三层次成功之后的另外一种退化方式。这些组织持

续保持对"目标 & 战略"的重视和敏锐，持续在"系统"层面组织建设进行投入，但是，可能是因为不想太依赖人，在"能力 & 文化"方面开始退化，最终"结果"与预计出现偏差。此时，高层开始不断责怪中基层执行不力。之后高层如果不及时警觉，"能力 & 文化"方面的退化会进一步蔓延至"系统"层面的退化。于是，组织的思考力开始远远强于行动力，假话、大话、空话、套话开始盛行。

第三层次成功后的退化（3.4）

图 1-13 展示了一种更惨的组织退化，无论是"目标 & 战略"还是"能力 & 文化"，都乏善可陈。在这种情况下，看似有组织（实际上只是一堆自圆其说的繁文缛节、规章制度），其实已经是乌合之众。这样的组织需要"扭转"，一般的转型升级已经无力回天。

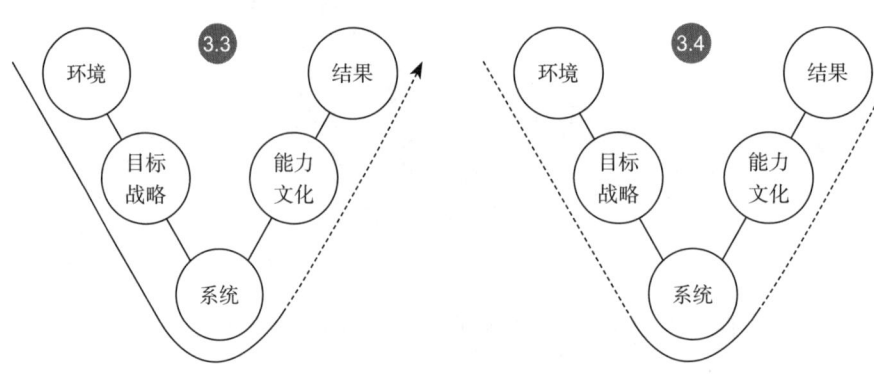

图 1-12　组织绩效 V 模型第三层次成功后的退化（3.3）

图 1-13　组织绩效 V 模型第三层次成功后的退化（3.4）

组织绩效 V 模型的应用举例：组织评估

组织绩效 V 模型可以作为领导团队在组织管理方面的共同语言。作为一个模型工具，它可以应用于组织评估、组织设计等组织工作场景。以下就简单讲讲如何用组织绩效 V 模型进行组织评估。

就像患者在就医时需要进行身体检查，再对症下药。组织评估就如同给组织做健康检查，是向组织负责人说明组织中哪些部分已失控、哪些部分运行良好的整个过程。在评估之后，根据具体情况，给出针对性的组织改进方案。用组织绩效 V 模型进行组织评估有以下五个关键步骤。

第一步：对比当前取得的"结果"是否满足了"环境"要求。首先，罗列现在及未来一段时间外部环境对组织的要求。其次，将组织当前取得的结果与之对比，找到差距。最后，可以运用二八定律（帕累托法则）聚焦于最关键的没有得到满足的要求。

第二步：探究目前"结果"差距背后的"能力 & 文化"原因。原因可能是多方面的，包括领导者、关键岗位人员以及关键序列员工的通用素质能力、专业能力、投入度；组织中的人员对组织所宣扬的使命、愿景、价值观的真诚度；客户端交付能力；其他利益相关方（投资人、员工等）的能力；工具 / 技术 / 设备 / 人工智能等带来的能力，等等。和第一步一样，也可以运用二八定律（帕累托法则）聚焦于最关键原因。

第三步：分析组织"系统"层面的原因。例如，项目总是无法按照进度要求实现交付，可能是如下原因：项目的成功标尺和关键里程碑不清晰；项目负责人没有足够的权力制定决策；强职能的组织架构使项目运行过程中无法实现横向机制；项目负责人对项目人员的激励没有建议权；公司层面没有机制将多项目运营节点信息显化，并对进度滞后进行预警管理；过往项目的成功经验和失败教训未能形成组织知识沉淀，新项目犯老错误走弯路，等等。这些都是"系统"层面的原因。

第四步：从目前"能力 & 文化"和"系统"的实际设置中，推断整个组织的"事实目标 & 战略"，而不是文字上或领导讲话中说的"名义目标 & 战略"。组织的领导人可能会有这种感觉：我想这么做，我也说了要这么做，我还写了要这么做，但这个组织实际并没有这么做，而是在那么做。这就是事实目标＆战略与名义目标＆战略之间的巨大差距。

第五步：找到"事实目标＆战略"与"环境"之间的差距。最终组织的领导者会发现，之前设定的"目标＆战略"只是空中楼阁，实际指挥组织的"事实目标＆战略"并不能满足"环境"的要求。

组织模型是不是组织

通过以上对组织绩效V模型的简介，读者应该对"什么是组织模型"有了一些直观的感受。

类似组织绩效V模型的这种组织模型是不是可以回答"什么是组织"这个问题呢？

组织模型是对"什么是组织"的简单化、框架化表达，用以辅助和引导对组织问题的集体分析及解决。

这样的组织模型，会比"组织就是为实现特定目的而人为创建的动态社会系统"这种全面而专业的定义更有实际意义。

当然，我们仍然不能说"组织模型就是组织"。但是，我们可以说，你认同的组织模型就是"你的组织"。

本节作者为左谦、房晟陶

第 2 章
· CHAPTER 2 ·

组织创业及创作：首席组织官及系统负责人

很多企业在组织建设方面都付出了很大努力，但无法获得好的效果。

组织建设方面有没有一些事半功倍的"秘诀"呢？首席组织官和系统负责人就是本章想阐述的"秘诀"。首席组织官的简称是COO（chief organizing officer）。系统负责人方法论/系统负责人制的简称是SO（system ownership），同时系统负责人的简称也是SO（system owner）。

注意，本章的六节内容是相互联系、有先后顺序的，需要连续阅读。其他章的各节相对是独立的。

什么是"首席组织官及系统负责人"以及为什么是"组织创业及创作"

为什么会有系统负责人

我之所以写一篇关于系统负责人方法论的文章是有一个复杂的过程的。2004年6月我开始给龙湖做咨询项目，2005年8月加入龙湖董事会，2012年5月我退出了龙湖董事会，之后又给龙湖做了一年顾问，直到2013年5月。2013年8月我去哈佛大学学习，反思了几年，2016年年初回来。自2016年下半年我开始系统总结龙湖那段组织建设过程的经验。从2016年下半年到2017年上半年的一年时间里，我的经验总结集中体现在"从团伙到组织：三边工程及变革管理"这个两天的培训课程里。这是一个针对企业创始人、高层团队、中高层人力资源人员的培训课程。培训的目的是开拓参训人员在组织方面的视野，提高他们在组织方面的系统思考能力。参加了这个培训的人会对以下内容留下深刻印象：素质模型的开发与运用、组织绩效V模型、社会价值观、赞成和反对的行为、企业文化的基因组分析法、人力资源策略选择、人力资源职能定位、变革管理的视角等。

这个培训本身不是技能性的，所以我没有刻意让它变得浅显易懂。用这种方式，好的方面是可以避免那种"一教就会，一用就错"的普遍现象，不好的方面之一是有些学员可能会自行演绎出不是我本意的结论。比如，有的学员会认为我那段经历中的核心经验是我比较会基于素质模型看人。这种评价让致力于建立一个组织的我吃了一惊，因为我从来不认为这是我的核心能力。当然，我并不责怪这样的学员，问题在于我培训的方式及内容。

到 2017 年下半年，随着我对个别经济企业更深入的了解，以及对非营利组织人力资源管理的逐渐入门，结合培训学员的反馈，我进行了更深层次的总结。我发现我之前更多总结了专业方法论，而一个已经融入我血液中的工作方法论还没有表达出来。

这个工作方法论就是系统负责人工作方法。这个方法最开始来自我在宝洁的那六年（1995～2001 年）工作经历。那是我大学毕业后的第一份工作。在宝洁，系统负责人工作方法就像空气一样存在，太基础了。我有时甚至开玩笑说，所有宝洁人的脑门上都写着"系统"二字。宝洁的六年工作经历及在欧洲工商管理学院学习 MBA 一年之后，我做两年多的咨询工作。在咨询的实践中，尤其是在对民营企业的咨询中，我对系统负责人方法论的理解受到了很大挑战并得到了丰富。后来，我把它不自觉地应用在了龙湖的组织建设过程中。这个系统负责人工作方法才是除了素质模型、组织绩效 V 模型、企业文化基因组分析法、人力资源策略等专业性方法论之外的我的一个基本工作方法论。

我个人的价值观和能力是不能复制的，但是系统负责人工作方法是一个可以复制的独立变量。所以我决定把它提炼、表述出来，希望对很多处于快速成长期及升级迭代期的企业有所帮助。

这个系统负责人方法论解释了一个问题，那就是为什么很多人有专业能力，基础素质能力很好，经验和经历也不错，态度也很积极，但是还是不能做好事情。一个重要原因就是缺乏一个工作方法论，一个能把其他所有能力要素串起来的工作方法论。对于个人来说，没有这样一个工作方法论，个人绩效会大打折扣。

系统负责人方法论与首席组织官

在总结系统负责人方法论的过程中，我又遇到了另外一个难以回避的问题。不面对这个问题，系统负责人方法论就无法有效实施。

用一句话总结这个难以回避的问题就是：大部分企业的首席组织官都是功能失调、责任者缺位的。由于这种失调和缺位是组织中众多问题的源头，因此系统负责人方法论和首席组织官这个功能必须联系在一起讲。

什么是首席组织官？首席组织官首先是一个功能和职责。在大部分处于创始人阶段的企业里，如果没有其他合适的人，首席组织官都是由创始人兼任的。这就像在没有合适的首席运营官时，首席运营官由创始人兼任一样。但随着公司的发展，这个功能一般要由创始人与另外 1～2 个人共同承担，比如创始人兼首席执行官（CEO）与首席人力资源官（CHO）共同承担，或者创始人兼 CEO 与另一个核心高管（如总裁）共同承担。各种方式都可以，只要能够实现这个功能就行。

首席组织官的职责是什么？简单来说，首席组织官的职责就是把一大帮人高效地组织起来。首席组织官的具体职责是领导组织规划、输出组织策略、调动资源共同进行组织创业及创作。

创始人与首席组织官

很多创始人兼 CEO 本身就是组织工作难以展开的首要原因。他们对组织工作性质的认知往往有方向性的偏差，对组织工作的难度及价值的认知往往有数量级的偏差，对自己在组织方面的责任和角色的理解也不断摇摆。这些都是导致首席组织官功能失调的首要原因。

首席组织官这个功能和职责在相当长的时间内都要以创始人兼 CEO 为主来承担。如果在这个方面认识不坚定、定位不断摇摆，就会让本来就已经很难的组织创业工作更具挑战性。

很多创始人在商业或技术上很有天赋，但他们在系统性上不一定有优势，在组织方面更不一定有感觉。创始人兼CEO要想履行首席组织官的职责也真的不容易。

如果创始人能够通过参加各种培训、请教各种高人等来提高自身作为首席组织官的意识和能力，这就是对组织内具体从事组织工作的人员的最大帮助。

当然，创始人兼CEO自己成为胜任的首席组织官也不是唯一的方式。创始人兼CEO的首要责任是确保首席组织官的功能不缺位。除了自己个人的不懈努力之外，创始人兼CEO还必须不懈地以寻找创业伙伴的心态去寻找能够与其共担首席组织官职责的人才、资源。另外，创始人兼CEO还要倾斜资源，大量甚至制度性地调动组织内的优秀人员共同进行组织创业。不给组织创业者以制度性的激励，就不会有优秀的人愿意去做组织创业这种费力不讨好的事。资源砸下去，总会涌现出可以与创始人兼CEO共担首席组织官职责的人才。

为什么是"组织创业及创作"

前面讲了"系统负责人方法论"和"首席组织官"的来源。可是，"组织创业及创作"是怎么回事呢？

在反思"从团伙到组织：三边工程及变革管理"这个培训的时候，我发现这个培训的名称及内容容易给人一种错觉，好像组织建设是一个虽然复杂但有"矩"可循的专业技术活儿。我觉得它没有足够强调两个非常根本的元素：组织建设中的"创业"与"创作"的精神底色。

"组织创业"强调了组织建设的**艰苦性**及**自我突破性**。尤其是"从团伙到组织"以及"组织升级迭代"这两种情况，它们都需要强大的创业精神。

"组织创作"强调了组织建设的**创新性**以及**艺术性**。现在很多企业都在做着之前从来没有做过的事情。这种情况下的组织建设需要很多创新和创作。即使在传统行业，因为绝大部分创始人都不是循规蹈矩的人，在组织方面也想弄出点与众不同的东西，所以也是在创作。

于是，本章的标题从一开始构思的"系统负责人方法论"进化成了"组织创业及创作：首席组织官及系统负责人"。这个标题想传达的意思是，建立或迭代组织这个工作在本质上是一个创业及创作工作；而要想做好这个工作，有两个功能及职责非常关键：首席组织官以及系统负责人。

首席组织官与横向领导力

首席组织官这个功能可能是创始人最难交出去的工作。对于绝大部分的民营企业而言，这个首席组织官至少和首席运营官同等重要，而且更难培养。

与此同时，首席组织官也可能是创始人最不愿意交出去的工作。**对于创始人来说，组织创业就是从老板到企业家的蜕变**。《突破之道：从平庸走向卓越》这本书中提到一个词叫"给公司加冕"，意思就是把本来戴在自己头上的王冠戴到一个组织上。这生动地描述了这种蜕变的实质。

这种蜕变其中一个关键难点在于，组织创业需要一个与业务创业不同的姿势——"横向领导力"，而横向领导力正是我们所欠缺的。

如何才能让横向领导力在组织里面有生存空间呢？首先，创始人必须以身作则，自己提高横向领导力。然后，创始人要用纵向领导力在组织内推行横向领导力。

愿意"给公司加冕"，仅仅用想更有钱、更有名、更出人头地是很难充分解释的。这背后有个难以解释的"第一推动力"问题。这个"第一推动力"从哪儿来？我们很难用逻辑去解释，而且这个"原力"何时觉醒也难以预计。

还要强调的是，需要做出这种"给公司加冕"转变的不仅是创始人，还要有公司其他的核心高管。他们在这方面的变革难度一点也不比创始人低。每个高管都是其所辖组织单元的首席组织官。

首席组织官不是首席人力资源官的别称

有人会问，首席组织官是首席人力资源官（CHO）的另一个称呼吗？这个议题，我们在公开课、内训、小规模的交流等不同场合中也经常被问到。

简单直接的回答是：不是。首席组织官不是 CHO 的一个别称。CHO 是明确的职位和角色，但首席组织官首先是一个功能和职责，而不是一个职位，也很少有企业会设立首席组织官这个职位。

首席组织官功能的默认责任人不是 CHO，而是 CEO。对于创始人阶段的民营企业来说，其默认责任人都是创始人兼 CEO。

首席组织官功能就是创始人兼 CEO 最关键、最具有挑战性、最难以转让或下放的责任。甚至我们可以说，能否承担起首席组织官责任就是衡量是不是真正 CEO 的关键标准。

首席组织官的功能和责任具体是什么呢？

简单而言，首席组织官的功能和责任就是把一帮人高效地组织起来，其具体的任务就是"建立或迭代组织"，其"客户"就是本组织的全体成员以及利益相关方。图 2-1 可以简单说明"建立或迭代组织"所要做的事情。这张图共由六个部分组成：首席组织官、组织模型、组织系统、组织策略、创业精神及创作能力、变革艺术。这六个方面都是"建立或迭代组织"需要做的关键事情。

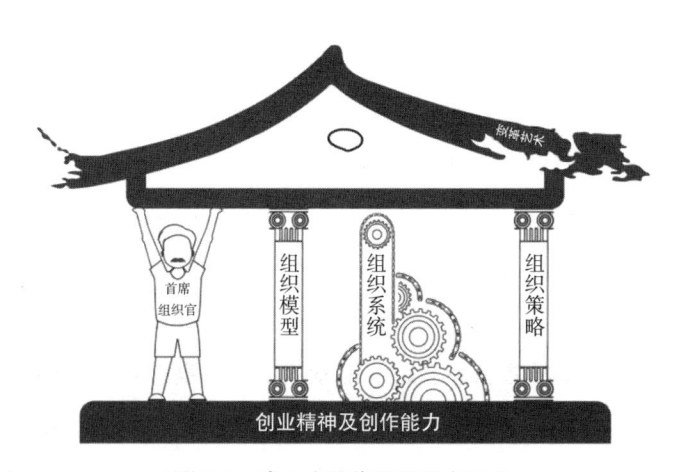

图 2-1 建立或迭代组织的方法论

在图 2-1 这六个部分中,首席组织官是唯一"活的"因素。这个"活的"因素要负责其他要素的生成。

比如,首席组织官要负责组织策略的生成。

还有,首席组织官要帮助组织去选择适合本公司/机构的组织模型。

再有,首席组织官要去领导、导演整个公司/机构的重大变革。

还有,首席组织官要确保关键的组织系统得以建立。

最重要的是,首席组织官要激活整个公司/机构在组织方面的创业精神及创作能力。

那么,在这个"建立或迭代组织"的方法论里,CHO 体现在哪里呢?首席组织官与 CHO 是什么关系呢?

人力资源的一些传统模块工作,如招聘、培训发展、薪酬福利、绩效管理、员工关系,基本都在组织系统这个柱子里,但这些模块工作本身并不能构成独立的系统,它们只是系统的一部分,属于器官级的工作。比如招聘、培训就是"人才选育用留系统"的关键部件、器官,但只靠招聘、培训这几个关键部件根本实现不了"人才选育用留系统"的功能及目标。同时,"人才选育用留系统"只是企业众多的组织系统之一。有很多其他重要的组织系统都是传统人力资源模块工作不会深入涉及的。

写到这里，我们要再回过头来解释一下为什么要强调首席组织官是一个功能和责任，而不是一个职位和角色。

这是因为"建立或迭代组织"这个工作的性质决定了它是一个边界不清晰、难以实现委托 – 代理的工作。对比其他工作，比如财务、营销、工程、组织方面的工作，它是一个非常公共性的、需要共创的工作。**这就是"组织"工作的一个根本特点：组织是众人之事；没有一个人能独自把"组织"这件事做成；但是一般会有多个人有能力让它做不成。**比如"组织策略"这件事，即使 CHO 再强，也不可能脱离 CEO 独自制定组织策略，甚至也不能由创始人兼 CEO 一个人独自制定，而是需要核心领导团队共同参与制定。你可以暂时独断专行，但缺乏整个领导团队的参与和支持，设计良好的策略是很容易"胎死腹中"的。

强调首席组织官是一个功能和责任的另外一个原因是，组织也是分层的。在整个公司层面，当我们说创始人兼 CEO 就是首席组织官时，他是无法驳斥、无路可退的。但是，试想，当公司规模大了，有了事业部（BU）、事业群（BG）之后，谁是这些事业部、事业群的首席组织官呢？在这种情况下，很容易出现"责任者缺位"的情况。事业部、事业群的总经理至少可以向三个方向"推卸责任"：第一个方向是推给集团的创始人兼 CEO；第二个方向是推给事业部、事业群的 HR 负责人；第三个方向是事业部、事业群的总经理同事业部、事业群的 HR 负责人把责任推给集团的 CHO。这三个方向都是错误的。

在首席组织官功能的定义下，每个业务单元的一把手都是该业务单元默认的首席组织官，就像创始人兼 CEO 就是整个公司默认的首席组织官一样。换句话说，首席组织官就是一把手功能，是一把手责任难以分割的一部分。

很多人说 CEO 就应该是公司的 CHO。这个说法是站不住脚的。创始人兼 CEO 完全可以不是 CHO，但他必须是首席组织官。一个公司即使有了很不错的 CHO，但如果 CEO 没有组织方面的思想和方法论，这个公司也不会有首席组织官的功能。

总结一下，首席组织官不是 CHO 的又一个别称。首席组织官的功能和责任远远大于传统的人力资源职能。一个 CHO 的价值取决于其对公司首席组织官功能的贡献大小。贡献大的话，他就可以大大解放创始人兼 CEO 以及其他核心领导团队成员的时间和精力。在实际情况中，对于处于"建立组织"阶段的民营企业来说，CHO 对首席组织官功能的贡献程度完全是因人而异的，而不是由人力资源的常规任务决定的。

本节作者为房晟陶

组织系统：用"系统之眼"看组织

组织不仅是"一群有共同目标的人"

很多人容易把组织简单定义为"一群有共同目标的人"。实际上，剥开表层看得见的"人"，组织至少还包括"人"背后盘根错节的若干"流程、机制、系统"。

以人体为类比说明。我们从外表看人只能看到脑袋、躯干、四肢；脑袋上有眼、耳、鼻、舌、口；皮肤上有毛发，等等。这是一种比较表层的分法。但是生理医学上是把人怎么分的？上网简单搜一下，你会发现如下描述：

"人体九大系统是指运动系统、消化系统、呼吸系统、泌尿系统、生殖系统、内分泌系统、免疫系统、神经系统和循环系统。人体是由细胞构成的。细胞是构成人体形态结构和功能的基本单位。形态相似和功能相关的细胞借助细胞间质结合起来构成的结构成为组织。几种组织结合起来，共同执行某一种特定功能，并具有一定的形态特点，就构成了器官。若干个功能相关的器官联合起来，共同完成某一特定的连续性生理功能，即形成系统。消化系统包括消化道和消化腺两大部分；运动系统由骨、关节和骨骼肌组成，约占成人体重的60%；泌尿系统由肾、输尿管、膀胱和尿道组成。"

这九大系统可以从外表看出来吗？大部分都不能。但它们存在吗？

一个只能用人、部门、汇报关系、文化这种词汇描述组织的人，就相当于一个只能用脑袋、躯干、四肢、毛发、气质这种词汇描述人体的人。能用"组织系统"视角看组织的人就像有了"第三只眼",他们能够看到这些表层事物背后的那些"系统"和"功能"。这是一个更有效地分析、界定、解决组织问题的视角。

什么是组织系统

若干流程、机制、目标、价值观、能力、场景等结合起来,共同完成某一特定的连续性组织功能,就形成了组织系统。一个组织系统,就是一种连续性的组织功能,而不仅仅是一系列任务和产出。

可以与组织系统(organizational system)对照理解的概念是业务流程(business process)。两者有四点关键区别。

第一,业务流程的重要性非常容易被接受。没有它,企业就直接瘫痪了。但组织系统一般不会有这样直接的影响,总是重要而不紧急的。

第二,业务流程内各个节点上人之间的关系一般可以用上游、下游、客户、供应商等这样的语言描述。但是,组织系统里更多是使用者、提供者、受益者、关联方等这样的语言。在业务流程中,因果关系比较明显。在组织系统中,相关方非常多,只用因果关系很难解释问题。

第三,业务流程更容易有清晰的边界,但组织系统更像公共空间。地盘感很强的人很难把一个组织系统管好。系统负责人更像"公共服务人员"而非"老板"。

第四,一个具体的组织系统一般都有哪些关键输入?比如,组织本身的使命、愿景、价值观,战略性组织系统的阶段性选择,对具体组织系统的价值观及管理原则输入等。除此之外,还要有专业输入,该组织系统负责人本身的价值观、能力、工作方法论输入,资金及资源输入等。

在这些输入中,最关键的就是价值观及管理原则输入。其中,创始人的价值观及管理原则输入往往具有致命性的影响。相比较而言，业务流程的输入往往更硬一些，比如技术、生产线、资金。这一点是组织系统与业务流程的重要区别。

讲到这里，还得再强调另外一点，价值观及管理原则输入有时取决于核心领导团队的状态。一个领导团队在业务上能进行建设性的讨论，但在组织问题上可能是失能的。即使是像夫妻、兄弟这样亲密关系的创始人，很多时候也难以调和在价值观及管理原则上的冲突。有的时候，抽象的价值观容易看似一团和气，但一旦到了管理原则这个层面，矛盾就很难规避了。

一个公司由哪些系统组成

形态、习性千差万别的脊椎动物可以用消化系统、神经系统、生殖系统、呼吸系统等通用的系统去解构和分析。那么，行业不一样、发展阶段不一样、规模不一样的企业组织，可否也用通用的组织系统去解构和分析呢？如果企业组织要实现的目的相似，要素组成和连接方式有一定的规律可循，那么是有可能进行通用化解构的。

如何解构和划分呢？我们遵循两个原则。一个是MECE（mutually exclusive, collectively exhaustive）原则，即各个系统之间相互独立，所有系统结合在一起又能包括组织的各方面，从而形成一个有机整体。另外一个划分的原则是既要足够多又要足够少：分得太细，在分析问题时容易太复杂且缺乏整体性；分得太粗，不利于准确界定和解决问题。

在这两个原则的指导下，我们把一个企业组织解构为"四类十大组织系统"。这是我们参考了人体系统划分的数量级，"3+1"组织系统图如图2-2所示。

任务协同类系统
核心业务流程/机制
战略协同及绩效管理系统
组织结构及决策系统
信息及数据系统

战略及变革类系统
战略生成及领导者进化系统
组织及变革管理系统

人才及知识类系统
人才选育用留系统
知识进步及技术创新系统

激励及文化类系统
激励及全面回报系统
文化管理系统

图 2-2 "3+1"组织系统图

以下就是这十大组织系统的功能描述。在每个组织系统的功能之下，我们还列举了典型子系统。注意，典型子系统部分只是举例，既没有穷尽，也不是每个子系统都必须有。任何公司都要有自己的选择、组合和创作，以实现本公司所需的"功能"。

任务协同类系统

以下（1）（2）（3）（4）加在一起就形成了"任务协同类系统"。这个"任务协同类系统"的总体功能和目标就是：做正确的事；正确地做事。当然，要实现这个功能和目标，"任务协同类系统"离不开"人才及知识类系统""激励及文化类系统""战略及变革类系统"的支撑。同理,"人才及知识类系统"要想实现其功能及目标,也离不开其他三类系统的支撑。

(1)核心业务流程/机制。

功能：核心业务流程/机制有效组合主要的价值创造活动,形成"端到端"的价值链,更有竞争力地为客户交付价值,为相关方增加价值;公司的战略意图有效体现在核心业务流程/机制的设置上。

典型子系统：业务流程再造；产品集成开发（IPD）/从线索到回款（LTC）/从问题到解决（ITR）；客户价值定位；SOP/标准操作流程；产品/服务规划类流程/机制；产品/服务开发类流程/机制；供应采购生产工程实现类流程/机制；推广与营销类流程/机制；客户交付/客户关系类流程/机制；客户满意度调查；财务类流程/机制；内审类流程/机制；投资类流程/机制；融资类流程/机制；质量/安全/EHS类流程/机制；关键岗位设计；运营管理结构/项目管理办公室（PMO），等等。

(2)战略协同及绩效管理系统。

功能：战略协同及绩效管理系统促使方向、目标、关键任务协同一致,实现上下同欲、前后同心、左右同行；把目标及关键任务分解并落实到团队及个人；通过计划、监督、评价、反馈提升等方式帮助团队及个人完成关键任务,从而实现目标。

典型子系统：战略协同及绩效管理理念；战略分解及部署；战略回顾及调整；战略沟通；运营及经营分析会；预算管理；OKR；OGSM[⊖]；平衡计分卡（BSC）；业务单元及团队的KPI/关键绩效行为指标（KPA）；战略绩效管理（业务单元及团队的绩效评价、业务单元及团队奖金包）；高层人员绩效管理/述职；个人绩效计划；个人绩效评估与绩效反馈,等等。

⊖ OGSM是目的（objective）、目标（goal）、策略（strategy）、衡量（measurement）的英文首字母组成。OGSM是一种战略规划与战略执行管理工具。

（3）组织结构及决策系统。

功能：部门定位及关键职责领域有效支撑公司战略意图；平衡刚性与灵活性；岗位、角色、团队的设置使得任务易于被完成；责权匹配；不同部门/团队之间的定位及关键职责领域相互匹配。

典型子系统：集分权/总部定位；领导团队/高级管理团队（EMT）的定位及决策机制；董事长与 CEO 的分工；总部组织结构；前台、中台、后台职责区分；运营管理结构/PMO；职能/部门定位及组织结构设计；关键岗位设计；业务单元及团队的 KPI；汇报关系及层级等；决策权限设定；系统负责人制；跨部门任务组，等等。

（4）信息及数据系统。

功能：信息及数据系统能将关键的业务及组织信息、数据能高效传递到相关干系人；通过信息的加工和运用，提升效率、辅助决策、支持赋能。

典型子系统：财务会计；OA；高管团队会议机制；运营及经济分析会；财务类流程/机制；财务信息系统；部门/团队会议；信息沟通工具；公告；内部员工论坛；在线学习；ERP；知识管理/分享平台；资料馆/档案馆；员工信息系统（HRIS），等等。

人才及知识类系统

（5）人才选育用留系统。

功能：人才选育用留系统能够找到、吸引、培育、保留适合企业发展阶段的人才；实现高效转化及融入；将人才配置到合适的岗位（合适的人做合适的事）；会源源不断地产生有竞争力的中/高层人才；不适合的人适时离开。

典型子系统：人员标准（通用素质能力、职能/岗位素质能力、任职资格/专业能力、高层领导力定义）；中高层/干部评价任用理念；职业序列及等级；管理培训生的招聘及早期发展；专项招聘项目（如销售代表）；入职培训；人员管理/团队管理基本功/通用领导力培训；企业大学/培训学院；360度评估/反馈；人员工作及发展计划；导师计划；继任者计划；人员编制；绩效和潜力综合评估；人才盘点；职业发展路径；研发/技术序列人员的晋级体系；晋升、降级与辞退/低绩效管理；轮岗；高管外聘及融入；一号位类人才发展/涌现机制，等等。

（6）知识进步及技术创新系统。

功能：通过知识进步及技术创新系统，知识沉淀被鼓励和奖励；高质量的 know-how 不断被沉淀；失去竞争力的 know-how 不断被清理；know-how 被高效传递和学习；知识沉淀及技术创新不断积累、转化成为组织竞争力。

典型子系统：技术研发策略及资源规划；专业技术委员会；知识分享体系；继续教育；论文/专利奖励机制；产研结合/合作办学；研发/技术序列职级体系；研发/技术序列人员晋级体系；专业技能鉴定及职称；技术发明专利、知识产权管理；文献档案管理体系；知识管理/分享平台；资料馆/档案馆；研发/技术系统的亚文化，等等。

激励及文化类系统

（7）激励及全面回报系统。

"全面回报"包括了薪酬、奖金、长期激励、福利、晋升、工作生活平衡等要素，是员工可以从一个组织得到的物质及非物质回报的总和。

功能：激励及全面回报系统能够回报、激励员工的贡献及投入；吸引、激发和保留优秀人才；支持战略目标及价值观导向的实现；平衡关键利益相关方（股东、高管、员工、社会等）的关系。

典型子系统：激励理念；员工价值定位/全面回报理念；股权激励计划/长期激励计划；业务单元及团队的奖金包；全面薪酬结构；绩效奖金机制；基本工资；基础福利；灵活福利；及时激励；薪酬沟通；员工帮助计划（EAP）；工作与生活平衡；灵活工作制；非物质奖励/荣誉系统；休假政策；退休、退岗机制；论文/专利奖励机制；研发/技术序列人员晋级体系；晋升、降级与辞退/低绩效管理；高管薪酬方案，等等。

（8）文化管理系统。

功能：文化管理系统能够平衡外部适应性与内部整合性；促使有竞争力的理念不断生成及合法化；失去竞争力的理念不断被甄别及消弭；理念被化虚为实，应用于断事用人的关键流程/机制/系统中，形成共识及普遍的行为；与价值观相悖的行为会及时被管理，疑似与价值观不一致的行为能被讨论和评判；平衡"应是"与"实是"、多元与统一、继承与迭代。

典型子系统：使命；愿景；价值观；高层领导力定义；经营管理原则；具体的行为标准；客户满意度调查；通用领导力培训；内部员工论坛；价值观考核/行为能力评估；高管团队走心会；员工纪律与处分；员工意见/敬业度调研；公司庆典及节日性活动；公司内刊；非物质奖励/荣誉系统；入职仪式及培训；文化符号、仪式、故事、英雄；公司政策；商业行为准则及利益冲突申报制度；晋升、降级与辞退/低绩效管理；研发/技术系统的亚文化，等等。

战略及变革类系统

（9）战略生成及领导者进化系统。

功能：战略生成及领导者进化系统使领导层对外部环境变化有敏锐感知；领导层对自身组织状况有清醒认知；能够平衡想做、应做、能做，形成有竞争力的整合战略；核心领导人、核心领导团队的成长和迭代能适应公司内外环境的变化；治理机制的迭代能适应公司内外环境的变化。

典型子系统：整合战略（使命愿景＋业务战略＋组织策略＋价值观）；战略生成方法论；创始人／一号位成长（使命感／生命意义、慧眼识人／关系能力、战略能力、组织及思想领导力，等等）；董事会的建立及发展；集团化公司的组织治理机制；一号位结构性缺位的处理；高管团队复杂关系的处理；CEO选拔／继任；集分权／总部定位；董事长与CEO的分工；高管团队／EMT的定位及决策机制；真高管团队发展；高层领导力定义；一号位类人才发展／涌现机制；职能类高管的发展机制；内部创业机制；高层人员绩效管理机制；组织评估／复盘／标杆研究；高管外聘及融入；合伙人机制；高管薪酬方案；高管退出／退休机制；高管教练；高管学习进修政策；技术研发策略及资源规划，等等。

（10）组织及变革管理系统。

功能：组织及变革管理系统使中高层人员普遍具有组织及变革管理能力；组织的调整可以及时、有效承接目标＆战略的迭代；既能解决短期组织问题，又能建立长期甚至战略性组织能力；组织贡献被重视并被有效评价；设置了合适的角色、结构，匹配了适当的资源、能力及权力，使得"管理组织及变革"的重要职责得以承担；组织成员了解组织整体设计的理念、原则、策略，并能参与改进迭代。

典型子系统：组织评估／复盘；公司级组织策略规划；组织方法论；变革管理方法论；职能／部门级组织设计；高层人员绩效管理机制；组织工作的评价机制；人员管理／团队管理基本功／通用领导力培训；组织及人事权设置；系统负责人制；人力资源职能定位及组织设计；人力资源业务合作伙伴（HRBP）与业务经理的职责权限划分；组织委员会制；变革管理委员会；组织问题专项研讨会机制；员工意见／敬业度调研，等等。

关于以上这四类十大组织系统，还要做一些说明：尽管我们致力于做到 MECE，但组织系统之间的盘根错节本身就是组织系统的重要特点。所以，要做到完全独立还是很有难度的。在十大组织系统的层次，交叉还不是很多。但到了子系统层面，交叉就很多了。比如，晋升既出现在人才选育用留系统里，又出现在激励及全面回报系统里。系统之间也有合并的可能（至少可以阶段性合并）。比如，在有些公司，绩效管理系统和激励及全面回报系统是紧密结合在一起的。

这十大组织系统中，会不会有些系统比别的系统更重要？每个组织可以选择更加重视某几个系统，但我们在解构和划分的时候，没有事先假设哪个系统更关键。这就像我们很难说消化系统比呼吸系统更重要一样。可以说，每个系统都重要。任何一个系统出问题，都可能是致命的。但这十大组织系统各自所占的比重确实是有区别的，就像人体的运动系统（骨骼及肌肉）占了人体的大部分重量。但我们仍然不能说运动系统就是最关键的。在实际的企业与企业的竞争之中，那些不容易看到的部分往往可以成为竞争优势的关键。

本节作者为房晟陶、左谦、樊莉

系统负责人方法论

什么是系统负责人方法论

业务流程方面的工作，如职责、任务、界限、指标相对比较容易明确。但大部分的组织系统工作都是"弥散性"的。做好组织系统的工作，需要一套与做业务流程不一样的工作方法论。系统负责人方法论就是这样一套工作方法论。

系统负责人方法论的核心是以"功能"为出发点组合任务，让重要的功能可以被负责。它要避免有人承担任务，但没人承担对"功能"的职责。

与一般印象相反，要做好组织系统类工作，实际上必须有超强的结果导向，只是这种结果导向的表现形式很不一样。这些组织工作的负责人要想得远、要有价值观、要做大量重复类工作、要有专业、要不求短期回报、要善于面对各种不解和非议等。这样，他们才能在更长的时间维度上为组织创造无法轻易复制的竞争力。

这样取得结果的方式就是另一种领导力。你可以叫它组织领导力、网络领导力、横向领导力、公共领导力等。反正它就不是那种传统的职权领导力、纵向领导力。

系统负责人方法论就是首席组织官领导组织创业及创作的方法和工具。没有系统负责人方法论这个"技"，首席组织官"组织规划"的"道"就无法落地。反过来，没有首席组织官，系统负责人方法论只能事倍功半。

系统负责人不是项目管理

系统负责人方法论不是一个新东西，也不是什么捷径。简单用公式来说（见图2-3）：SO=f（系统管理、变革管理、项目管理、产品经理、运营管理）。

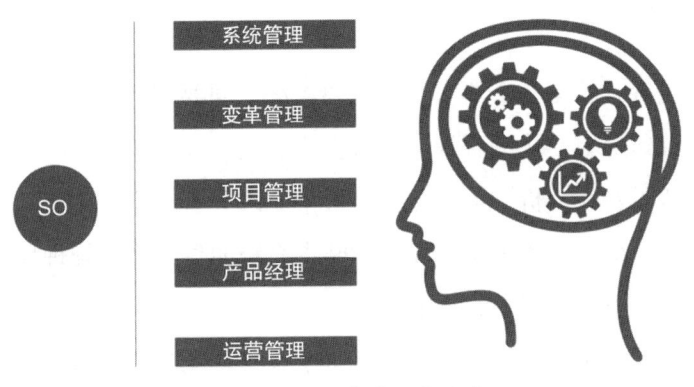

图 2-3　系统负责人方法论

系统负责人方法论是不是就是项目管理的扩展版？不是。项目管理是系统负责人的工作方法之一。很多人普遍善于做项目管理及项目经理，但是不善于也不愿意做系统负责人。

项目管理与系统负责人方法论有什么区别？项目是为完成某一独特的产品和服务所做的一次性努力，具体可以是一项工程、服务、研究课题及活动等。项目管理的重要特点是：过程的一次性；运作的独特性；目标的确定性；组织的临时性和开放性；成果的不可挽回性。

组织系统的工作显然不符合这五个特点。项目管理一般有始有终，系统管理是长期持续的。组织系统的关键词是"功能"，项目管理的关键词是"项目目标"。项目管理的关键路径由工作量、技术、时间决定，系统管理的关键路径更多取决于人的价值观。项目管理一般不涉及变革管理，系统负责人的核心挑战是变革管理。项目管理主要作用于事，系统负责人既要作用于事，又要作用于人心。项目管理的成果不可挽回，但组织系统经常是反复的。

还有项目管理更容易得到及时的认可与回报，这也许是最致命的，而系统负责人不仅难以得到认可和回报，还经常会成为替罪羊。

系统负责人素描

系统负责人的第一个要求当然是要系统，即要有系统思维。系统负责人要善于看到全貌，从头看到尾，从主干看到枝杈，从实看到虚。系统思维里就包括了差距分析、损失分析、根本原因分析、流程化思考等具体能力。对于一个组织系统来说，评估判断本系统的价值观及管理原则输入方面的差距更是一个高难度的基本功。

第二个要求是变革管理的能力。每个系统从无到有或从差变好，一定会涉及变革，而且一般都会涉及很多领导层人员理念、价值观的变革。这个能力在系统建立阶段或升级迭代阶段尤为关键。

第三个要求是产品经理视角。思考要系统，但系统的外在表现形式可以看似是点状的、非系统的。为了用户方便，有时候要牺牲一部分全面性。产品经理的能力也是变革是否能够成功的关键。我们在本章最后一节会专门探讨"化系统为产品"。

第四个要求是专业能力。系统规划设计阶段需要有很强的专业能力输入，不然这个组织系统很容易先天不足。没有专业能力的系统负责人，就像一个没有艺术造诣的导演。人员、文化、组织等这类事情，每个人都略知一二，这就很难对专业产生尊重。当然，这些专业能力不一定需要系统负责人本人具备，但其必须有心胸和能力用合适的方式引入专业能力。

第五个要求是项目管理能力。建立一个系统的过程中，系统负责人还要做很多短期项目。项目管理也是基本功。

第六个要求是文字能力。能想清楚的是气体，能说清楚的是液体，能写清楚的才是固体。文字化会使责任更容易回溯、系统智慧更容易积累、系统交接更顺畅、系统赋能更方便。

系统建立后的日常运营阶段需要的是类似 PDCA 循环的持续改进能力，即运营能力。这个能力也比较重要，但在建立阶段及升级迭代阶段不是很关键。

在企业创业初期，很多做得很好的人都是"用行动来思考"或"在行动中思考"。企业发展到一定阶段后，都会面临如何产生一些思考和行动相对分离的"幕僚型"人才的问题。这个挑战一般与公司要建立一个总部，或者建立中台、后台联系在一起。

建立总部也是公司发展中的一道坎。建立得不好，总部和一线的人互相增加对方的痛苦，公司效率长期阴跌。同样，中台、后台建立得不好，企业也很难取得持续的成功。可以说，系统负责人工作方法论也是总部人员、中台和后台人员需要掌握的基本工作方法。

系统负责人方法论自带的价值观

组织不仅仅是实现业务目标的手段，也是服务于人的手段。只有当领导人有了一点超越个体层面的诉求时，他才可能以无我成就大我。以工具主义的态度去对待人及组织是走不远的。企业最终是人的平台。

一个组织系统就是一个公共空间。企业在产权上可能是私事，但作为一个组织更多是公事。当创始人决定建立组织，为公司加冕，就如同将个人的私事变成了公事。做公事就需要公德。建立组织需要企业内的公德。企业内的公德放在社会上，只是"半公德"。这个"半公德"对整个社会的价值观进步也会有推进作用。

全员组织管理：建立组织是每个人的责任。系统负责人方法论本身隐含着全员组织管理、全员参与的价值观，而且这个方法论是每个组织建设参与者，包括创始人在内，都可以实践的方法论。换句话说，它是组织共创之道、之技，而不是帝王统御之术。

系统思考虽然是一种能力，但我们可以把它上升为一种价值观。因为它对一个人、一个组织、一个公司、一个社会都很重要。一个人的成长，就是其系统思考能量的成长。碎片化的知识当然也有价值，碎片化的知识如同一颗颗珍珠，但总是需要把珍珠串起来的一些线。对于个人来说，系统负责人方法论是一个可以把碎片化的知识、点状的指令、块状的任务联系起来的工作方法。当然，系统思考能力不能代替战略能力。战略能力需要不同的视角，比如它要更有前瞻性。

系统负责人方法论会帮助有志于国际化的中国企业与国际企业（尤其是欧美企业）顺畅接轨。系统负责人方法论是可以成为共同语言的。

本节作者为房晟陶、樊莉

用制度规避"群性"的弱点，方可得组织之美

要想把什么事情做好，光有责任感是不够的，还需要点兴奋感。正所谓"知之者不如好之者，好之者不如乐之者"。要想把"组织"这件事做好，最好也要有点"乐之者"的兴奋感。

普遍来看，"组织"这件事，不仅很难让人产生"兴奋感"，甚至连"责任感"都很难保证。它最容易让人产生的就是"集体无责任"。

为什么这件事很难让人有兴奋感呢？甚至连"做好这件事能赚很多钱"，这种兴奋感都难以产生呢？

我们观察总结下来有几个普遍的原因。第一，绝大部分人在组织方面没有太多的发挥空间。第二，组织方面的工作会涉及复杂的人际关系，没有谁愿意去干这种费力不讨好的事情。第三，这件事很难，很少有人有这方面的能力和天赋。

于是，我们都乐于把这么有价值的事情留给别人来做。

先说第一个原因。在绝大部分公司中，即使是高管人员，在组织方面的发挥空间也是很小的。做什么事情都是修修补补，不能做自己想做的事情。很多能人在大组织里待不住，一个重要原因就是在组织方面的发挥空间太小。于是他们要么自己出去创业，要么就去一个自己在组织方面有很多发言权的地方。

不仅没有发挥空间，而且对于发挥失误还会有巨大的惩罚（以及机会成本）。不仅会经常受罚，在一些组织里面，还要经常性地支持创始人兼CEO的任意妄为，认认真真地鼓掌，心甘情愿地"背锅"，而且，还不能批评，如果批评了，那就是妄议，就是不能与创始人同频，就是边缘化的

开始。注意，这里不是要把所有责任都往创始人兼 CEO 身上推。他们也是人，在组织方面也经常无能为力。

这种在组织方面巨大的权力不平等，即使是对高层人员来说，也难以让他们产生存在感、责任感，还怎么可能有兴奋感。连高层都这样，中层、基层就更不用说了。

于是，大家怎么办呢？随波逐流；在某些可衡量的具体业务方面把自己变得不可或缺；静静地等待组织危机来引导；如果创始人兼 CEO 没有体现出真正的承诺（比如经历了真正的痛），就绝对不真做动作（偶尔可以做点假动作试探一下）。

第二个原因，组织工作肯定会涉及复杂的关系。世界上最难的事情就两件：一件是把别人兜里的钱弄到自己口袋里，另外一件是把自己的思想装到别人的脑子里。

"组织"这件事，就涉及把自己的思想装到别人的脑子里。做这件事，就意味着"冲突"，而且是深层次的"冲突"。

在组织工作中，常听到这样的抱怨：你算老几啊？凭什么"约束"我、"改造"我？

怎么办呢？只能是难得糊涂，把自己的小圈子弄得温暖一点，不要蹚浑水，活得简单一点。

第三个原因，即使有一个能给人发挥空间的创始人兼 CEO，兴奋感也不容易产生。因为做组织这方面的工作，还是需要一些特别的能力和天赋。没有这些能力和天赋，即使能看到可能的巨大价值，也很难产生兴奋感。这都需要哪些天赋呢？我来列举几个。

首先，这种人要对思想权、价值观权有兴奋感。如果其只对行政权感兴趣，这个人多半不会对组织这种事感兴趣。当然，对思想权、价值观权有兴奋感，还得有相应的能力。比如，他们必须对思想及价值观非常敏锐，善于看到别人看不到的那些虚无缥缈的东西；还有，能说、能写对于思想权、价值观权来说就是基本功，不能说或者不能写，做组织这种工作的挑战有点大。

其次，他们要善于从长期结果中获得成就感。他们要向往和享受那种运筹帷幄、决胜千里的感觉。如果这个人不能做到延迟满足，组织这种事对于这个人而言就是极大的煎熬。与此相关，对系统化的东西没有感觉，只追求"人情练达即文章"的人，经常会错误地认为自己很有天赋。他们可能有人际敏锐度的天赋，但不一定有组织方面的天赋。

最后，这种人要"雌雄同体"。那些把组织方面的工作认知为女性化工作的人，不会对组织这件事情产生兴奋感。

用"天赋"这个词看起来有点大。其实一点都不大，不然，每个创始人兼CEO都能建立一个优秀的组织了。在这方面没有做出这种努力的人，一般不愿意承认天赋的重要性。

说了这么多，我想强调的无非就是，"组织"这件事不仅很难让人产生"兴奋感"，甚至连"责任感"都很难保证。这是我越来越能够认识到和承认的"事实"。

这意味着什么呢？这意味着我们要放弃建立组织的努力吗？绝对不是。

这意味着，要想建立组织，不能仅仅依赖动之以情、晓之以理、打开理念、进步能力，必须加上规之以矩、绳之以法，用制度来规避人性的弱点。更准确地说，应该用制度来规避"群性"的弱点。

当然，这个制度一定要由一把手发起，并且首先用在一把手自己身上；这个制度要"责任均沾"，大家共同"蹚浑水"；此外，还要有明确的衡量标准和足够力度的奖罚。

"用制度来规避'群性'的弱点"并不意味着对人性的否定和失望。

反而，这代表着对人性的更深入的理解。过于理想主义也是对人性的曲解。

系统负责人制的目标就是这样一个方法论。如果把系统负责人方法论变得更刚性一些，上升为公司的工作制度，就变成了系统负责人制。

简单打个比方，通行的组织结构设置方法基本上让身体的每个部位（如头、躯干、四肢、毛发等）都有了责任人，但是没有让关键的系统（如神经系统、消化系统、呼吸系统）有负责人。于是，这个组织表面上看起来有了"人形"，但并不具备人全面的"功能"。系统负责人制就是要让影响组织的关键组织系统都有人负责。当然，不仅大系统有人负责，组成大系统的各个部件、器官也要有人负责。

系统负责人可以解决一个关键问题：如何既负责局部，又有全局视角。试想一下，如果你负责一个"神经系统"，你负责的是不是"部分"？但是这个"神经系统"遍布全身，所以，在负责这个组织系统的过程中，你必然会发展出全局视角。这不正是创始人兼 CEO 对每个高管的要求吗？

系统的关键词是"功能"，而不是"产出"（流程一般用"产出"）。比如，消化系统的功能是将食物转化为身体所需要的养分，而消化系统的产出（排泄物）只是形成其系统功能的必要的一部分，如果用产出去指导消化系统的建立就有点偏离主要方向了。

建立组织，就是建立若干个有功能的组织系统。创始人兼 CEO 就是所有组织系统的总导演、总设计师。他要让所有关键的组织系统都有责任人，达到每个组织系统的功能目标以及相互协同的目标。组织系统的功能可以有定性及定量的衡量标准，这样就可以每隔一段时间衡量每个系统功能的发展、进化情况。这些发展和进化的情况就可以用来衡量系统负责人的绩效和贡献。

系统负责人不需要专职设立。系统负责人制就是要让每个人（尤其是每个领导）都成为"斜杠青年"：既是某个业务环节的负责人，也是某个组织子系统的领导人。无论是总部的人还是一线的人，无论是前台、中台的人还是后台的人，都可以成为系统负责人。当然，中台、后台的人员承担系统负责人职责的机会会更多一些。

本节作者为房晟陶

投资及创作你的"抓手级"组织系统

那么多组织系统（四类十大组织系统），每个都要建立吗？如果用人体作为类比，确实每个系统都必不可少。

但是一个企业组织可远没有人体复杂。每个系统都开工，虽然精神可嘉，但效果不一定好，而且资源上也不太允许。

在选择组织系统建设重点时，必须要有投资的心态、战略的眼光。如果能把少数几个战略性系统做好，骨架就有了。这是因为组织系统有个特点：任何一个系统都会涉及大部分其他系统。认识到这个特点，事情就没有想象中那么复杂了。

举个例子，就拿简单的管理培训生系统来说。这是人才选育用留系统的一个子系统。要想把这个系统做好，就要涉及人员标准系统、薪酬系统、职业等级系统、入职培训系统、晋升系统、绩效管理系统、一对一沟通系统、轮岗系统等。在把这个战略性组织系统做好的过程中，其他相关系统都会被有机地联系在一起。

所以，如果你能以投资的心态选定一两个战略性组织系统，持续投资，假以时日，组织就逐渐有模样了。升级迭代组织的时候也是这样，在一两个组织系统上取得改进，然后升级迭代相关的系统。

为什么要用投资眼光呢？这是因为任何一个战略性组织系统的建设都需要长期的关注及投入。只要投资，就有风险。风险包括选错了战略系统、选错了系统负责人、选错了时机等。

由作为社会动物的人组成的组织有一些其他特点，就是价值观的传染性以及组织的自组织特点。如果创始人能够在一个组织系统中输入明确、有效的价值观及管理原则，他会发现这些价值观及管理原则会以惊人的速度复制到其他组织系统中。

举例来说，如果你的管理培训生系统做得比较好，你会发现这里面的一些价值观及管理原则会比较容易地移植到战略性高层人才招聘、其他社会招聘等相关系统中。

换句话说，如果创始人能够在一个重要的组织系统上建立案例，就会给很多其他组织系统提供自生长的基础。

从技术角度看，放在一大类里面的系统（比如都是人才及知识类的）相互借鉴的作用会比较强一些。如果是不同类的，相互借鉴的作用会比较弱。这意味着，创始人需要在四大类组织系统中各选出一个重要的子系统（人才及知识类选一个，激励及文化类选一个，任务协同类选一个，战略及变革类选一个），输入一些明确有效的价值观及管理原则，这个组织应该就很不错了。

当选定了战略性组织系统之后，就需要构建具体的施工图。

具体来说，施工图就是围绕这个战略性组织系统的主线，选择其关键的二级、三级系统。每个战略性组织系统之下的二级、三级系统也都要有系统负责人，并有各自的项目推进计划。这样的一个施工图实际上就是由多个项目管理计划组成的。

战略性组织系统的负责人一般都是O级，可能是首席执行官（CEO）、首席组织官（COO）、首席人力资源官（CHO）、首席运营官（COO）、首席战略官（CSO）等。

当然，有组织天赋的企业家可以做的绝对不仅是"选择"系统。他们应该去"创作"本企业独特的系统。

什么样的系统最有意思？当然是结合了业务与组织，兼顾人员、文化，甚至包含数据、跨边界、有自己独特衡量指标体系的系统。这种系统才是企业不可复制的竞争力。当然，这种系统已经不是纯粹的"组织系统"了。不过，叫它什么已经不重要了。

这种创作也可以解决自我激励的问题。很多创始人都觉得管理组织方面的事情很烦琐，最好能找个人做。另外，有些创始人经常被批评在组织方面做得不好。久而久之，创始人对组织方面的工作完全失去了兴趣。用进废退，他的能力也越来越弱。最终，他会整天埋怨组织的各种不对，但组织不会因此而有半点改进。

其实，组织工作可以很有趣。设计符合自己企业情况的独特"系统"是一个既需要创业也需要创作的过程。这个创作的过程会挑战你各方面的能力，升华你对世界的理解能力。如果创始人能够对自己狠一点，在某个战略性组织系统上死磕一段时间，其实也没有那么难。

当然，做这件事情，一般应该是在解决了"活命"问题之后。结合对行业的洞见、结合组织的现状特点、结合创始人对自己深刻的了解，创作出这样一个战略性系统。这才是高级的、真正的战略。

创始人在创作战略性系统的过程中，也就创作了可以传世的组织。创始人的精神和生命也通过这个组织得以传承和"永生"。退一步说得俗一点，创作了这样组织的人，他的企业的价值也会以几何级数提升。看不懂这一点的创始人，这一生过得虽然牛但浑浑噩噩。当然，不仅创始人需要创作，具体的组织系统负责人也需要创作。目前，大部分企业最需要的角色就是"系统创作人"，尤其是一级系统的创作人。"系统创作人"就像是导演。创始人兼 CEO 既是投资人又是制片人。导演、投资人、制片人之间能否顺畅合作又是一个额外的挑战。

本节作者为房晟陶

"化系统为产品"及创新型组织形态

"化系统为产品"是系统负责人的基本功

"系统"这两个字容易给人复杂、庞大、控制、严密、传统、自上而下的感觉。

很多公司提供的产品和服务的特点决定了它们需要非常严密的组织系统及业务流程。但有些行业或行业发展阶段更需要"敏捷组织";即使是严密组织的初期快速发展阶段也需要敏捷组织的状态。敏捷组织需要的是短小精悍、快速迭代,甚至是点状的组织系统。

系统负责人方法论必须灵活运用。比如,系统负责人的结构可以有所不同。有一种结构是整个公司每个重要系统都有唯一的、权威的总负责人,其他人都是系统的使用者,只有总负责人有权力对系统进行修改,其他人只能提供建议。无疑,这样的组织是偏传统而严密的组织。但是,也可以没有权威的、唯一的系统负责人,而是有多个互相之间甚至有竞争关系的系统负责人。从外界看来,这些系统之间的不统一会让人感到混乱和迷惑,但这正是其生命力所在。这就是我们经常所说的"去中心化",带有强烈的"自下而上"的革命气质。

如何既系统,又敏捷?"化系统为产品"是系统负责人新的基本功。

要想有产品视角,当然要有专业能力,但更难的是客户视角、用户体验视角。比如说命名,系统的命名可以体现产品视角,好的命名会传递很多信息。又比如说系统内有形的工具,这个有形的工具是否简单易用体现产品视角。这个有形的东西可以是一张面试评估表,可以是一张检查清单，或者是一个标识，等等。这些简单易用的工具背后是系统的思考，但在表现形式及客户界面上是一个短小精悍的点。

短小精悍的点状系统还有另外一个好处，就是其传承成本降低、颠覆成本降低。传统而严密的组织体系很难被颠覆，因为这对颠覆者的能力要求太高了。短小精悍的系统的负责人没有那么大的"自我"需要保护。一个系统在没有积累成组织传统之前就已经被颠覆了。当然，这么做的弊端也很明显，就是一些基础性、战略性的系统难以建立。

"化系统为产品"是一项新的基本功，而不是对系统本身的替代。

系统负责人有了产品视角，会降低变革管理的难度，尤其是当现有组织已经积累了很多问题但又在快速发展的时候。组织系统的客户和用户根本没有时间停下来先系统评估、再初步设计、再教育培训、再试行、再评估、再详细设计、再大面积推广，等等。这是一个传统的过程，难以满足客户对速度的要求。系统负责人必须学会在行进中换车轮。

"系统性"很多时候是系统设计者自己的需要，而不是用户及客户的要求。客户需要的是解决问题，而不是"系统性"。传统的系统负责人倾向于假设系统的用户不具有自生长能力，所以要设计一套严密的系统，降低对他们的能力要求，顺便也带来了控制。但是，现在的员工已经有了很强的自我赋能能力、自我链接能力，独立意志更强，依附性更弱。如果系统负责人能够在关键点上提供一些产品赋能，则一方面可以保障系统的产出，另一方面可以给用户留下很多自由度。这些自由度一方面提高了用户体验，另一方面留下了创新的可能。

创新型组织形态与组织系统

弗雷德里克·莱卢在他的《重塑组织：进化型组织的创建之道》一书中把组织分为了"红色组织""琥珀色组织""橙色组织""绿色组织""青

色组织"这五个从低到高的发展层次。"红色组织"发展阶段最低,就像狼群,像黑帮。"琥珀色组织",有了进步,像金字塔。"橙色组织"更进一步,像高效的机器。"绿色组织"比橙色的类机器组织有更多的授权及更有价值观的驱动。

他的书在介绍和提倡"青色组织"。"青色组织"的核心特点是"组织被看作一个使命不断进化的生命体"。

我们所描述的系统负责人方法论与"青色组织"这些比较前卫的组织实践并不矛盾。区别不在于有没有组织系统,而在于组织系统的实质是什么。比如,与一个类机器的"橙色组织"一样,一个"青色组织"也是需要使命、愿景、价值观的。不过,使命、愿景、价值观产生的方式非常不同:一个"青色组织"的使命、愿景、价值观是组织的成员共同创造及自然进化出来的;而一个橙色的类机器组织往往是企业的创始人及高管讨论制定出来的。"青色组织"也需要人员调配系统,但是这种调配系统不是由权威的上级来决定,而是由团队自己来决定的。

所以,组织系统的概念仍然适用,而且我相信,这些组织由"橙色"变为"绿色""青色",背后的关键就是这些组织系统在新的、革命性的价值观输入下的升级迭代。

系统负责人方法论是否适用于那些边界不再清晰的组织以及最近经常谈论的生态型组织?

建立跨组织边界的系统会产生新的竞争力。这就要求组织的使命不仅要对本组织的员工产生影响,还要与组织边界外的关联方产生共鸣。边界内的组织与边界外的组织不再是传统的客户与供应商的关系,而更多是命运共同体关系。动员与联合要成为组织的关键能力之一。在某些行业内,不能完成这一认知跨越的公司将会失去竞争力。

这一点在非营利领域体现得很明显。很多非营利组织的全职人员很少，组织外围参与实现本机构使命工作的人员远远多于组织内的人员。所以这些非营利组织的使命不仅是写给组织内人员的，还是写给组织边界外人员的。这个领域天生就得像是一个生态型组织。将这些独立的组织彼此联系起来的首先就是价值观。在这样的生态里，竞争不再是你赢我输的游戏。它们欢迎同道中人的参与。有事则聚，事毕则散，你方唱罢我登场。虽也有小小竞争，但动员和联合是主流，集体行动是高潮。在这种生态里，组织系统的存在形式发生了变化，但组织系统这个概念并没有被消灭。

对于企业来说，在未来一段时间内，信息及数据类系统边界的打破会带来巨大生产力。"数据"具有天然的无边界性。当然，很多人会说数据不是"组织"而更多是"业务"，但我觉得数据既是业务也是组织。

另外，系统负责人方法论是否更适合"实体经济转型升级"而不适合"新经济"？我相信新经济组织也可以从此方法论中汲取很多营养，尤其是当它们过了快速抢风口的阶段，需要持续提供高品质、低缺陷率的产品或服务的时候。到那时，它们还是需要一些更严密的组织系统的。

即使在抢风口阶段，只需要着重于"人员"及"文化"，在"人员"及"文化"背后也需要一些短小精悍的组织系统的支持。虽然这些短小精悍的组织系统可以是点状的，但这些点状系统的竞争力也很关键。做得不好，会给未来的升级预留很多"坑"。还有，有些新经济组织因快速长大，组织问题积累也很迅速，它们很快就会遇到组织升级的压力。换句话说，它们很快就会遇到组织升级迭代的"传统问题"，甚至很快就到了"中年油腻"的状态。

判断这个系统负责人方法论适不适合的最重要因素不是行业，不是新经济或传统经济，甚至不是组织类型（如营利还是非营利），而是创始人本人的价值观及组织方面的能力特长。

最后总结一下：本章用六节的篇幅阐述了首席组织官、系统负责人/系统负责人方法论/系统负责人制、组织创业及创作这几个概念。如果一个公司在组织建设方面遇到了困难，一般都可以在这三个方面找到人方面的根本原因。希望这些"秘诀"能够对组织领导者有所启发。

本节作者为房晟陶

第 3 章
· CHAPTER 3 ·

组织能力与组织策略

什么是组织能力和战略性组织能力

"组织能力"被谈论得越来越多。"组织能力"存在吗?

一个组织的领导者为什么会开始重视组织能力?动因是多样的,比如:

- 公司大到一定程度,"人管人管人管人"已经力不从心了;
- 竞争所迫,靠运气和资源已经不够用了;
- 想摆脱对于少数个人的依赖,实现从团伙到组织的蜕变;
- 创始人/一号位想为交接班做准备;

……

不过究竟什么是组织能力?组织能力这个东西存在吗?这还真是一个不太容易说清楚的事。

当我们谈论"个人能力"的时候,我们的语言是比较丰富和具象的。比如说:他跑一百米的速度是10秒9、她的英语过了专八、他的情商很高、她很坚毅、他是个天生的领导者、这个创始人的战略眼光很厉害,等等。大家还是能够明白彼此在说什么的,误解不会太多。

不过,当我们在讨论"组织能力"的时候,频道就很难对上了。无法沟通的现象经常发生,讨论半小时之后就不想再继续下去了。

比如,你认为某公司的"精益运营能力很强",具有行业领先性而且很有特色。于是,你就去访谈这个"精益运营能力很强"的公司的一个员工:"听说你们公司的精益运营能力很强,你能不能给我们介绍一下,你们是怎么做到的?"

我估计他们的回答会令你不知就里。

- 我们运营能力很强吗？我没觉得啊，你为什么会这样认为？
- 什么叫运营？我们公司没有运营部啊？
- 你说的是精益生产吗？那不是生产型企业的吗？我们是服务业啊。
- 我们公司运营部就那几个人，我没觉得他们强啊？
- 我们主要就是销售能力强，运营谈不上。
- 我们主要就是领导重视。

通过这些回答，我们会发现一个有趣的现象：组织内部成员往往难以描述和总结自己的组织能力，更难以解释这个组织能力是怎么来的。反倒是竞争对手或外部机构经常能总结提炼出这个组织的"有竞争力的组织能力"。例如，这个公司的精益运营能力特别强，那个公司的生态合作能力强，等等。

竞争对手或外部机构为什么能有这样的总结提炼呢？因为这样的组织能力一般都会有可衡量的结果来倒推，比如毛利率、净资产收益率、周转率、净推荐值等。如果不是这样，一般也不会引起竞争对手或外部机构的注意。

不过，这样总结提炼出来的组织能力就是对的吗？

如果你看不同竞争对手和外部机构对同一个公司的总结提炼，你会发现，这些总结提炼的角度非常多样，深度也参差不齐。另外，他们更是只能看到现在的"厉害"，难以描述这项组织能力是怎么来的。

于是，对绝大部分人来说，组织能力就成了一本糊涂账。

说不清道不明，看不见摸不着。

但是，越来越多的人承认组织能力是**"存在的"**：尤其是面对强大的竞争对手的时候，以及在分析另外一个组织为什么能够穿越周期的时候。

如果你承认组织能力是存在的，那我们就可以接着聊了。

从打造组织能力的视角定义组织能力

让我们先来看一些我所认同的"组织能力"的例子。

以下这些例子取自戴维·尤里奇的《人力资源转型：为组织创造价值和达成成果》一书：

- 与各种组织结成同盟。
- 从上到下拥有国际化思维。
- 缩短推出新产品的时间。
- 更快地进入新市场。
- 拥有高质量的工程技术。
- 成为行业中的技术领先者。
- 成为行业中的低成本生产商。
- 能在经济景气循环中竞争。
- 设计与战略优先级相匹配的绩效评价。
- 具备文化统一性。
- 具备长远眼光。

……

从这些例子中，你可以总结出**组织能力**有什么特点吗？

- 这些组织能力显然不是个人能力。
- 这些组织能力好像都是需要跨职能、跨部门协作才能实现的（即使是"高质量的工程技术"，也不是一个职能/部门可以单独实现的）。
- 这些组织能力虽然可以感知但又很抽象（比如"能在经济景气循环

中竞争",很多人就很难想象这具体是什么意思)。
- 很多组织能力也不是核心业务范畴的(比如绩效评价)。
- 要想学习和复制这些组织能力并不是那么容易(比如即使是比较容易理解的"低成本生产商",也是难以轻易做到的)。
- 单独任何一项组织能力好像都不足以让一个组织成功(比如只有"缩短推出新产品的时间"显然不够)。
- 一个公司似乎应该有多项组织能力(比如"高质量工程技术＋低成本生产商＋设计与战略优先级相匹配的绩效评价")。
- 好像有些组织能力项之间难以兼容甚至还有一定排斥(比如"具备文化统一性"和"与各种组织结成同盟"之间)。
- 很多组织能力不仅是能力,也包含了文化(比如"从上到下拥有国际化思维")。
- 有些组织能力好像比较依赖少数人(比如"具备长远眼光")。
- 有些组织能力不仅包括人才能力,还包含技术能力(比如"成为行业中的技术领先者""拥有高质量的工程技术")。

……

上边的总结让我们对组织能力有了初步的感受和认识,也似乎发现了组织能力的一些属性,但我们可能依然充满困惑:究竟应该如何定义组织能力?像产研能力、销售能力这样的职能/部门能力算不算组织能力(这些职能/部门能力显然不是个人能力,不算组织能力算什么)?组织能力指的是组织的总体能力,还是指某一单项组织的能力?非得是有竞争力的组织能力才能称为组织能力吗?没竞争力的就不算吗?组织能力主要是指一群人的能力吗?等等。

这些都是合情合理的问题,值得澄清和讨论,但估计一时也难以形成共识。

既然如此，我们不妨换个视角来思考这个问题。本文就与你分享一个"从打造组织能力的视角"对"组织能力"的定义，帮助你更好地理解"什么是组织能力"以及"什么是战略性组织能力"。更为重要的是，这可以帮助我们在打造组织能力这件事上更加具备策略和行动导向。

首席组织官对组织能力的定义是：**一项组织能力，是指一个组织以"为客户创造价值并超越竞争对手"为目的而创造的一套能力要素组合。**这项组织能力，如果经受住了竞争的检验，就可能沉淀为**"一项战略性组织能力"**。一个优秀组织的总体组织能力，一般会由**"几项相互整合的战略性组织能力"**以及其他很多一般性但必要的组织能力组成。

注意，即使没有主动去创造，一个组织多少也会沉淀一些"能力要素组合"，只是没有竞争力而已（比如一般性的销售能力）。当一个组织主动投资于组织能力建设的时候，这个组织实际上想要打造的至少是"有竞争力的组织能力"，最理想的是"几项相互整合的战略性组织能力"。

"能力要素组合"中的"能力要素"包括了正式组织、人才、文化、工具/设备/AI、流程/机制/系统、X。其中 X 指其他一些特别要素（比如公司性质等）。

如果用公式来表达，**组织能力 = f（正式组织、人才、文化、工具/设备/AI、流程/机制/系统、X）**。这些组织能力要素，就是一个个组织在打造组织能力时**可以用力的点**。

能力要素中**相对容易被理解和感知**的是正式组织和人才。例如，这个公司只有总部、城市两层结构而没有大区层，那个公司的创始人战略眼光很厉害，那个公司有几个技术大拿，等等。

能力要素中**可以被感知但很难被准确描述**的是文化，即普遍的行为及共同理念。例如，这个公司的员工都很职业，那个公司的员工很有奋斗精神，等等。

能力要素中**可以被感知但一般不会被理解为能力要素**的是工具/设备/AI。例如，一个企业已经实现自动化生产线，而另一个同行企业的生产方式依然是手工作坊。

能力要素中相对**不容易被理解、感知和描述**的是流程/机制/系统。例如，导致那个公司员工很有奋斗精神的背后的一系列制度、资源安排，导致那个企业总是能够引入先进的智能生成设备的背后的一系列制度、资源安排，等等。

下面我们就分别谈谈这几个组织能力要素。

组织能力要素一：正式组织

"正式组织"这个要素，包括了部门责权（关键职责领域及权限）、部门划分、岗位设置、层级及汇报关系等这些比较"正式"的内容。"正式组织"的核心载体就是"组织结构"。

在《创新跃迁：打造决胜未来的高潜力组织》这本书中强调了"正式组织（formal organization）"这个词。后来IBM把它整合进了BLM模型的右半部分。

单从"正式组织"的视角去理解组织能力基本是这样的：一个公司的组织能力就等于所有部门能力的总和。

喜欢在"正式组织"这个能力要素上用力的人，经常会从部门设置是否合理、责权是否清晰、汇报关系是否明确等视角去分析和解决组织问题。

"正式组织"做得好，核心的优点是"明确"：责任归属明确、权力关系明确、权力范围明确、纵向决策程序明确。"明确"带给人秩序、安全感和行动力。

不过，一个组织如果过度依赖"正式组织"这个要素，容易出现的问题是：适应变化的能力较差；难以突破创新；横向协同及决策的事情难以找到负责人；组织容易自我膨胀：一个萝卜一个坑，加事就得加人，减事却不一定减人；维护成本非常高（比如每次迭代部门责权、岗位责权，就是个浩大的工程）。

不同领导者对"正式组织"这个要素的看法是非常不一样的。比如，有些领导者非常重视和尊重"正式组织"这个要素，认为这是一个组织正常运转的关键，是组织纪律性的体现，也是让员工有方向感和归属感的关键，等等。

有些领导者则对"正式组织"这个要素比较反感，甚至认为它就是"万恶之源"，尤其是那些经历了大公司官僚正式组织的折磨、现在又在做创业类工作的人。他们一般都比较愿意去搞一些组织创新。比如，在"合弄制（holacracy）/全体共治"这种创新类组织形态中，"正式组织"这个要素就被大大弱化了（去中心化、无领导管理方式、强调角色而不是结构等）。

当然，即使不是那么喜欢"正式组织"，绝大部分人都不会完全否定"正式组织"的价值。所以，很多公司就做了一些折中方案。比如，在部门责权上做明确而严格的划分，但是在部门内的岗位设置上不做明确设置（通过类似OKR这种机制协同目标和任务）。这样，也就在一定程度上兼顾了明确性和灵活性。

不过，如果岗位灵活设置的话，对"人才"的要求就大大提高了。

组织能力要素二：人才

单从"人才"的视角去理解组织能力是这样的：一个公司的组织能力就等于这群人的能力的总和；甚至，对小公司来说，组织能力基本就等于最关键那十几个人的能力总和。

喜欢使用这个逻辑的人，在分析和解决组织问题的时候，更容易落到人的能力上。他们往往会这么想：在正式组织中，大家都可以被设置得差不多，那为什么不同公司之间的绩效差距这么大呢？比如，你可以学习那些奢侈品大牌公司，设立"创意总监"这个岗位（正式组织的一部分）。设置了这样的岗位就有用了吗？肯定不是。

更重要的就是"人才"这个"活"的要素。

事在人为，尤其对于很多人才密集型的行业来说，更是如此。正式组织基本一样，绩效差异主要是从"人才"这个要素产生的。

关于人才与正式组织的关系，不同人的观点是非常不一样的。来自人才密集型行业及公司的，会更理解"人才"的作用；经历过大公司的，才更愿意承认"人才"局限性；经历过一个陷于泥潭中的组织的，才会理解"人才"的渺小与无奈；当然，层级越高，"人才"的作用就越明显。

是否应该因人设岗是一个经常被争议的问题。这个问题的背后就反映了不同人对"人才"和"正式组织"这两个能力要素的不同理解。实际上，对于这个问题，没有绝对正确和唯一正确的答案，要根据具体的情境去选择当期更好的方案。一旦时过境迁，还可以继续改变。

正式组织和人才这两个要素，就是很多领导者在管理组织能力时的主要用力点：一方面把正式组织设置清晰，另一方面把中高层人才的选拔和排兵布阵做好。高管一方面是人才，另一方面也是各个部门责权的落实者，所以就尤其关键。如果能有一个"真高管团队"，组织能力就有了基本保障。

这里我还得特别强调一下"创始人／一号位"这个"人才"的重要作用。创始人／一号位就是一个组织的"第一人才"。这个人才的思维复杂度、组织敏锐度本身就是组织能力建设的源头和天花板。

不过，正因为正式组织和人才这两个要素比较容易理解，大家也都知道这些道理，所以只在这两方面做得不错的话还难以脱颖而出（当然，实际做到的水平差异还是很大的）。

组织能力要素三：文化

"人才"这个能力要素，更多强调了"人的能力"的作用。

在一个组织内，因为分工的不同，人各有专长。对于这一点，绝大部分人都认为是天经地义、理所当然的。

但是，在能力之外，人的行为和理念（文化的重要外显）是否应该百花齐放呢？

文化这个组织能力要素的重要性就显现出来了。

什么是文化？首席组织官对文化的定义是：（在为客户创造价值并超越竞争对手的过程中所沉淀的）普遍的行为、共同的理念和无意识的基本假设。

对于一个组织来说，如果员工在文化（行为、理念、基本假设）上的离散度太大，表层的影响是使内部协同的难度增大，更关键的是会影响到给客户的价值创造。

文化的一致性、稳定性、可预测性在很多时候本身就是客户价值的一部分，尤其是对于服务业来说。比如，我们去海底捞用餐，我们对服务人员的行为是有一定预期的，如果海底捞的服务员不那么热情，我们可能就会觉得少了点什么；我们去链家找房子，诚实可信也是一个明确的预期，客户也愿意为此付出一定的溢价。

价值观是文化的核心（当然文化不只包含价值观）。从本质上来讲，价值观回答的问题是：什么是我们这个组织生存和发展最依赖的东西？如果员工的普遍行为和共同理念在很大程度上偏离价值观，公司的生存就堪忧了。

举个例子，宝洁的价值观是：诚实正直；领导才能；主人翁精神；积极求胜；信任。欧莱雅的价值观是：热爱；创新；创业精神；开放性思维；追求卓越；责任。

这两个公司都是成功的多品牌大公司，一个在日用消费品行业，另一个在美妆行业。从大的方面讲，两者的行业已经挨得很近了。但你感受到这两个公司在价值观层面的区别了吗？我感受最深的是宝洁对"领导能力"的强调，而欧莱雅没有突出"领导能力"。这个区别反映了两家公司对所从事的事业、所选择的战略以及对自己的成功基因的深刻理解。

不同领导者在文化这个组织能力要素上的天赋差距是非常大的。如果一个领导者的文化敏锐度（或者说是价值观敏锐度）比较高，在打造组织能力上就会有更多腾挪空间。比如，虽然在正式组织和人才方面做得差一些，但可以通过文化这个要素来代偿。很多人员密集型的公司，在文化这个组织能力要素上的投资回报率是很高的。

还要提一点，文化要素与人才要素两者之间很容易产生互动。举个例子，"简单直接＋职业化的沟通"就是"人才"与"文化"两个要素的结合。如果一个群体成员普遍具备这样的技巧、行为、理念，这个"简单直接＋职业化的沟通"就可以成为一个公司独特的、有竞争力的组织能力，能够大大提高公司的内部协同效率。尤其是当这个公司处于战略探索期，不敢也无法在"正式组织"方面做得过多的时候，这个组织能力就可以起到巨大的作用。

从"简单直接＋职业化"这个例子的角度（"人才＋文化"的相互作用），以及前面提到的"真高管团队"的例子（"正式组织＋人才"的相互作用），我们可以大胆引申：任何两个组织能力要素产生点结晶或化学作用，都可能创造出"有竞争力的组织能力"，不需要五个组织能力要素都出现才能创造出"有竞争力的组织能力"。

组织能力要素四：工具/设备/AI

很多人都会低估"工具/设备/AI"这个能力要素对组织能力的根本影响。实际上，很多组织能力跨数量级的提升，都是由工具/设备/AI的进步推动的。

工具/设备/AI这个要素，与人才相比，哪个更重要？不同的人在这个问题上的倾向性是非常不一样的。

有些人认为，很多时候人就是为了机器服务的。比如，在现代化的工厂里，工人存在的目的就是帮助先进机器设备发挥出最大效率（通过维护等）。如果没有那些机器设备，工人再努力、正式组织设置再合理也没用。

在可见的未来，生成性AI就会对组织能力产生难以想象但巨大的影响。甚至，人会不会成为AI的奴隶？这已经成为人类面临的现实挑战。

不过，向未来看，很多人都觉得这种说法夸大其词、危言耸听。向过去看，对"工具/设备/AI"这个要素的作用可以看得更明确一些。

比如，微信这个工具在过去十年里就大大提高了组织沟通效率（当然也提高了内卷的程度）：有任务随时拉群，任务结束随时闭群，在不改变"正式组织"的同时提高了其调适性。

再比如，珍妮机出现在1760年前后，一次可以纺出很多根棉线，极大地提高了生产率。珍妮机大大提高了一个纺织厂的组织能力。整个纺织行业，甚至整个世界的经济格局都因之有所改变。

再比如，1900年八国联军攻入北京的时候，一共也就是1.5万人到2万人。大清有4.5亿人。但为什么还是没挡住？因为人家有洋枪洋炮，比你的大刀、猪血（义和团的工具之一）厉害多了。

当然也有反过来的例子，小米加步枪也可以打败先进的飞机大炮。这也说明了强调任何单一要素的局限性，以及不同要素之间具有代偿关系。小米加步枪，加上文化的力量，可能会打败先进的飞机大炮加上官僚化的正式组织。

还得提一点，很多人认为工具/设备/AI这个要素是"东西"，是"生产工具"，在价值观上是中性的，不容易与其他能力要素产生互动。实际上，很多工具/设备/AI都是带有价值观的，是可以与文化、人才产生深度互动作用的。比如说，很多SaaS管理工具，其背后都是有价值观的，就像办公环境设计、会议室设计带有价值观一样。

工具/设备/AI尤其会与流程/机制/系统产生深度互动，促进其迭代进化。

组织能力要素五：流程/机制/系统

应该说，前面这四个能力要素还是比较容易感知和理解的。但很少有人能看到"流程/机制/系统"这个层面。

很多公司阶段性有人才、阶段性文化很先进，但是假以时日或者遇到大的市场变化就风光不再了。为什么？就是因为阶段性凭机遇有了一些人才，但没有建立让人才源源不断产生的"人才选育用留系统"；阶段性有了鲜明而先进的文化，主要是因为有一个英明的领导，但是没有建立"文化管理系统"，于是领导者更迭之后优秀的企业文化就不见了。

这里需要强调的是，流程/机制/系统是打造"战略性组织能力"的核心。

很多公司都有能力打造一些阶段性的、有竞争力的组织能力，但能否打造出"战略性组织能力"，尤其是打造出"几项相互整合的战略性组织能力"，那才是一个公司能否做强做长、穿越周期的关键。一个领导者如果不能理解到流程/机制/系统这个层次，那么他对"组织能力"这件事的认知始终还处于"外行看热闹"的状态。

什么是流程/机制/系统？

打个比方，很多人都是用"人、部门、汇报关系、文化"这些词来描述组织的。这种描述水平就相当于用"脑袋、躯干、四肢、毛发、气质"这些词来描述人体。而医生是怎么描述和分析人体的呢？医生眼里的"人"是消化系统、呼吸系统、神经系统等生理系统的组合。医生会用消化系统、呼吸系统、神经系统这样的方法论去诊断、治疗疾病。

首席组织官把一个企业组织解构为"十大组织系统"：核心业务流程/机制、战略协同及绩效管理系统、组织结构及决策系统、信息及数据系统、人才选育用留系统、知识进步及技术创新系统、激励及全面回报系统、文化管理系统、战略生成及领导者进化系统、组织及变革管理系统。

这十大组织系统中有一个"战略生成及领导者进化系统"。注意，在组织能力的定义中，战略本身并没有被视为一个组织能力要素。但是，一个组织如果总是能生成有质量的战略，即战略生成及领导者进化系统，这就是一种组织能力了。

另外，组织能力要素中的"正式组织"，在十大组织系统中会涉及多个系统，比如组织结构及决策系统、核心业务流程/机制、战略协同及绩效管理系统等。一个公司的"正式组织"与另外一个公司基本一样，人才也不输，但实际效果却远不如另外一个公司，差距经常产生于底层的流程/机制/系统上。

关于这十个组织系统的详细描述，请参见第2章"组织系统：用'系统之眼'看组织"。

注意，这十大组织系统中，每个系统都有很多相关的方法论、最佳实践。每个组织都需要一方面向别人学习，另一方面自己不断创作，才能不断进步。

综合运用各个组织能力要素

一个公司在目标及战略迭代之后，就需要有与其匹配的组织能力。

注意，目标及战略的迭代必须包括关键任务的迭代。没有关键任务的迭代，目标及战略只是意愿而已。关键任务选择得越明确，打造组织的能力就会越聚焦。

另外，一个公司在目标及战略迭代后，是否应该对"需要什么样的组织能力"进行规划、推演和想象？

对于小公司、新业务，可能就是想好在个别组织能力要素上怎么开始就可以了。比如，想好了需要哪几个关键人才、需要几台设备、需要多少钱买多少块芯片等。

对于有一定规模和历史的公司，高质量的战略迭代必须包含对组织能力的规划、推演和想象。比如，要建立哪几项战略性组织能力，哪些一般性组织能力必须补强，哪些组织能力必须抛弃，等等。因为一个有一定规模和历史的公司，已经沉淀了很多组织能力，战略的制定无法完全脱离公司的现状和历史。

接下来就是通过在各个组织要素上综合用力，来打造和迭代组织能力。

举个例子，一个公司决定从"流量/销售打法"迭代为"品牌/产品打法"，如何去打造与之匹配的组织能力呢？组织能力要素上要做出哪些变化呢？

首先是"正式组织"会发生可见的变化：之前"品牌管理"就是"运营部"的一个支持性的子部门。在新的战略下，"运营部"可能会分拆成两个独立的部门："品牌部"和"销售/渠道部"。同时，公司也在探讨要不要单独成立"产品研发部"。

公司对"人才"的要求会有增加和调整。原来在"流量/销售打法"中，对"概念性"能力的要求不强，但在"品牌/产品打法"中，需要更多的领导者有很强的"概念性能力"，尤其是以"品牌总监"这个岗位为代表。

原来不怎么打品牌广告，不怎么做品牌活动，也不会用那些昂贵的广告公司、公关公司。现在，很多员工得学会如何与这类机构合作。

另外，原来所有的业务环节都是在一个大运营部里面，业务决策的沟通主要是纵向的（自上而下和自下而上）。但是在新的组织结构下，中高层员工需要具备一项新的能力：跨部门的沟通协商讨论影响能力。这种能力对很多人来说都是一个巨大的挑战。

在"文化"这个要素上，"长期导向"和"短期导向"之间的矛盾会迅速凸显。原来公司成功所依赖的"快速行动""干中学"的"普遍的行为及共同的理念"会受到挑战。另外还有一个具体的困惑：偏品牌营销的人和偏销售的人气质差异很大，团建活动的偏好都不一样，根本玩不到一起去，怎么办？可以想见，很多上一阶段的优秀员工在新的阶段会感觉到无所适从。

还有，如果要成立产品研发部的话，在工具/设备/AI方面，也会有比较大的投入。

以上这几个方面，在短期内都可以做出很多决策和动作。不过，这些短期变化还只是"一般性组织能力"的迭代，只是解决了不被打败的问题，还未达到"战略性组织能力"的程度。

这个组织还需要进一步、更有目的地打造组织能力。

到了这个阶段，对各个组织的能力要素，尤其是"流程/机制/系统"这个要素的要求就更高了。

如果不能在流程/机制/系统层面做出细致的迭代，那些在正式组织、人才、文化、工具/设备/AI层面所做的改变都难以产生可持续的效果。

比如，在"战略生成及领导者进化系统"方面，领导需要意识到仅仅实现从"流量/销售打法"到"品牌/产品打法"的思路迭代是不够的，还要进一步做出更具体也更痛苦的选择。比如，聚焦于哪个品牌发展阶段？如何提高产品研发能力？在关键任务上做哪些更明确的选择？哪些组织能力非常难以打造甚至是想当然的（所以必须反过来改变关键任务甚至对战略做修订）。

比如，如果不能在"人才选育用留系统"上做出系统调整（比如人员标准的迭代），那种"概念性能力"比较强的人才，难以批量产生和存活（个别人才总是可以招到），很容易导致整个组织被"少数几个人"所"挟持"（这几个人本身也不想挟持组织）。

比如，品牌部、产品研发部可以很容易独立出来，与销售／渠道部并列。但是如果"战略协同及绩效管理系统""组织结构及决策系统""激励及全面回报系统"没有做系统调整，这些"正式组织"的变化就会虚有其表，部门间协作会变成一个痛苦的消耗。具体来说，整个公司的考核指标体系从上到下、从前台到后台都需要迭代。

只有在这些组织能力要素上坚持不懈地用力，"几项相互整合的战略性组织能力"的端倪才会出现。这都可能有哪些"战略性组织能力"呢？比如：0—0.1—1 阶段品牌的孵化及收购能力、激发品牌团队创业精神的能力、全球化的联合产品研发的能力，等等。

到了那个时候，这个公司才可能具备创造客户价值、打败竞争对手、穿越周期的"几项相互整合的战略性组织能力"。

小结

本节主要分享了一个"从打造组织能力的视角"对"组织能力"的定义，希望能帮助你更好地理解"组织能力"这个有点抽象的概念：**一项组织能力，是指一个组织以"为客户创造价值并超越竞争对手"为目的而创造的一套能力要素组合**。这项组织能力，如果经受住了竞争的检验，就可能沉淀为**"一项战略性组织能力"**。一个优秀组织的总体组织能力，一般会由**"几项相互整合的战略性组织能力"**以及其他很多一般性但必要的组织能力组成。

"能力要素"包括了正式组织、人才、文化、工具/设备/AI、流程/机制/系统、X。其中X指其他一些特别要素（比如公司性质等）。

在这些能力要素中，"正式组织"和"人才"这两个要素是最容易被理解、评价测量和用力的。这两个能力要素就是水面以上可见的。工具/设备/AI实际上也是在水面以上，但是我们经常"视而不见"。

文化这个能力要素，时而在水面以上，时而在水面以下，也是可以感知但较难测量的。

流程/机制/系统是最难看见和理解的，但又是比较根本和长期的。这个能力要素就是在水面以下很深的地方了。

如果非要用一句话总结"打造战略性组织能力"的关键，我会这么说：每一项"战略性组织能力"的背后一定会有一两个真高管以及英明的一号位。这样的真高管就像是一个"总指挥"，整合很多跨部门、跨系统的要素，结合公司的战略及禀赋，坚持不懈地推动和调适，在好运的加持下，最后才能有所成功。

本节作者为房晟陶

有竞争力的组织能力是怎么产生的

那些成功打造了"有竞争力的组织能力"的公司,除了机会和幸运之外,还做对了什么?本节仅从"秩序创造"这个视角来分析这个问题,希望对读者有所启发。

组织能力何以有竞争力

有目的的秩序创造

在日常经营管理中,我们总是会遇到问题和挑战。遇到问题和挑战,怎么办?

有些公司就会见招拆招,问题症状减轻了就行了。关注点主要在于结果或者完成领导交办的任务,而不是组织能力。领导奖励的也只是结果。

有些公司会用"代偿""转移"的方法解决,即不一定在"组织"方面用力。比如,我用融资来代偿问题,至少可以延缓问题。

有些公司就不仅要解决当期问题,还要在组织上沉淀一些机制、方法,以避免同样的事情再次发生。这样的公司,就是选择了在组织方面做"有目的的秩序创造"。

举个例子,原来面试就是简单聊聊。有了一些失败的教训后,一号位就责成HR负责人搞一个面试评估表,提高一下招聘的规范性和统一性。

应该在哪些方面进行"有目的的秩序创造"?根据业务战略就能确定吗?

业务战略只能提供大方向。即使业务战略相同,不同公司进行"有目的的秩序创造"的"点位选择"也是非常不同的。

这些"点位选择"由什么决定？一号位的价值观、偏好、能力特长、过去的组织经验、具体操办人员的经验及能力，等等。比如，有些一号位就会选择在激励方面做动作，有些则会选择在人才方面做动作。

有效的秩序创造

一个组织选择了很多点位去"有目的的秩序创造"，但不会每个点位的努力都能成功。有些努力半途而废；有些努力解决了一些当期问题，但创造了很多其他问题；有些努力选点错误，不得不调整方向。

走着走着，一部分"有目的的秩序创造"被结果证明是有效的，于是就成了"有效的秩序创造"。

不过，这些"有效的秩序创造"，其"有效程度"差距很大。有的"有效"就是一般有效、短期有效或只在特定的环境下有效而已；而有的"有效"则是非常有效、长期有效或在多种情境下都有效。

举个点位级的秩序创造的例子，都是建立一张面试评估表，不同公司在这张表格上下的功夫是非常不同的。有的表格就是给面试官签名的流程，就是一张"面试流程表"。但有些公司的面试评估表的质量就要高得多，有非常适合自己公司战略及价值观的人才标准。

那个"面试流程表"就属于是"一般有效"的。

那些优秀的公司，"有目的的秩序创造"成为"有效的秩序创造"的比例会更高（当然，也说明了"点位选择"更有效）。

在这个阶段，优秀公司与一般公司的差距已经拉开了。

部件级的秩序创造

点状的"有效的秩序创造"是很脆弱的，有点像一个基因组。多个点状的"有效的秩序创造"结合起来，形成一个"基因片段"，成为一个"部件级的秩序创造",这就是"组织能力"的端倪。

比如,不仅面试评估表做得很好,对中高层的面试技能的培训也很有效,入职培训也搞得非常有效。于是,一个"管培生招聘及早期发展"的"组织能力"就有了端倪。

当"组织能力"的端倪显现之后,有些优秀公司更善于趁热打铁,用更主动的规划设计来引领"组织能力"的建设。

比如,补足一些连接件(例如,管培生入职后的晋升标准)、清理负效的部件(例如,此前对学生的定薪标准中保障工资比较低)。

这是更高层次的"有目的的秩序创造"。

假以时日,这个公司就逐渐打造了"管培生招聘及早期发展"这个部件级组织能力。注意,尽管只是一个部件,这个能力已经绝对不仅是人力资源部的能力,而是整个公司的能力。

这个"部件级的秩序创造"的难度显然提高了。如果说"点状的秩序创造"的涌现,有很多随机、运气的成分,那么"部件级的秩序创造"就需要很强的主动性、专业能力、系统思考能力、跨部门推动力等。

对比来看,那些"一般公司"虽然也有很多"有效的点状秩序创造",但是不注意持续迭代,不善于在点与点之间建立连接,或者不注意清理那些低效甚至是负效的点状秩序创造,结果就形成不了"部件级组织能力"。

系统级的秩序创造

有了一些"部件级组织能力"之后,优秀的公司还善于继续进化。

比如,在建立了"管培生招聘及早期发展"这个部件级组织能力的同时,公司也建立了"中高层外聘及融入""基于绩效+潜力评估的干部评价任用体系"等其他几个部件级组织能力。

在这个阶段，如果能有领导者站出来把这几个"部件级组织能力"连接、整合起来，逐渐就会打造出"有竞争力的、有特定气质的高层人才源源不断产生"的"系统级组织能力"。

在这个阶段，要打造这个"系统级组织能力"就不能只有"专业视角"了，而是要从整个公司的全局视角来思考问题。比如，一号位的特质是否能支持这个能力？这个"系统级组织能力"与其他几个系统级组织能力是否能够相得益彰？如果把这个组织能力搞得太厉害了，其他能力的空间会不会就不够了？再比如，我公司的投融资能力特别强，会不会让我没有足够的动力去发展"精益运营的能力"？

从"部件级组织能力"到"系统级组织能力"的这一步进化是非常有挑战性的。每一个最终沉淀出来的"系统级组织能力"的背后，一定都要有真正的领导者（往往不止一个领导者）付出了巨大的努力。能够引领"系统级组织能力"打造的高管就是"真高管"。

系统变革级的秩序创造

有些"系统级组织能力"如果经受了竞争的检验，就逐渐会沉淀为"有竞争力的组织能力"；如果进一步经受了时间和市场周期的检验，就会沉淀为"战略性组织能力"。

不过，当市场环境发生重大变化的时候，曾经的有竞争力的"系统级组织能力"就需要迭代和变革。

这是更高难度的秩序创造，是"系统变革级的秩序创造"。

如果当期的领导者不能居安思危或者不善于管理变革，则过去的"有竞争力的组织能力"会逐渐失去竞争力。

在这个阶段，公司的情况已经变得非常复杂，要想找到那种思维复杂性足以驾驭系统变革的高管也是很难的。所以，即使公司很努力，组织能力也可能逐渐失去竞争力。

当然，这也意味着，新兴公司的机会来了。

优秀公司的区别在哪儿

观察"有竞争力的组织能力"的成长过程，优秀公司比一般公司优秀在哪儿？核心就是，那些优秀公司更善于做"有效的秩序创造"。

为什么这些优秀公司更善于做"有效的秩序创造"？核心是有一大批"更高效的秩序创造者"？

一个公司如何才能有一大批"更高效的秩序创造者"？关键要看公司的人才审美和做事审美。

一个公司的人才审美和做事审美是怎么形成的？

公司初创期、婴儿期、0—0.1—1 的阶段，这一点主要靠一号位的人才审美和做事审美。

什么样的一号位能够吸引和发展这类"更高效的秩序创造者"？

物以类聚，人以群分。只有一号位本身就是这样的人，才可以鉴别和吸引这样的人，鼓励和奖励这样的做事方式。

公司到了 1—10 的阶段，就不能只靠一号位一个人了。一号位能否吸引几个有类似审美的"能人"非常关键。

在这个阶段，这些"能人"往往能奠定一个"有竞争力的组织能力"的骨架和基础。

这些能人就像"总指挥"一样，不断根据竞争的需要进行规划、设计、指挥、调适，逐渐实现从"部件级组织能力"到"系统级组织能力"的进化。

但是，公司进一步变大变复杂（比如到了 10—100、100—N 的阶段），只靠少数"能人"是不够的。公司需要尽早将这种人才审美及做事审美转化为机制，通过机制批量发展"更高效的秩序创造者"，让这种"更高效的秩序创造者"广泛出现在公司各个层级。

为什么需要这样？

如果一个组织只有几个高层在公司层面规划、设计，但在中基层缺乏点位级秩序创造的能力、缺乏调适的能力，则高层的规划设计会逐渐变成"想当然"，难以真正落地。

中基层离市场、客户、实际工作很近，他们的"点状秩序创造"是一个组织"自发秩序"的重要体现。一个优秀的公司会非常注意保护中基层的自发秩序创造。高层的一个重要角色是造土壤、输入正确的价值观，从而使得中基层有更多更有效的"自发秩序创造""点状秩序创造"。

当然，要想打造"系统级的组织能力"，不能只靠"自发秩序创造"，高层的重要价值在于用更英明的策略意图去筛选、引领进一步的秩序创造。

小结

从有竞争力的组织的进化过程中，我们可以看到几个不同层次的秩序创造。

- **点位级的秩序创造**（比如面试评估表）。
- **部件级的秩序创造**（比如管培生招聘及早期发展）。
- **系统级的秩序创造**（有竞争力的高层人才源源不断产生）。
- **系统变革级的秩序创造**。

秩序创造的复杂度越高（比如模块级的秩序创造、系统级的秩序创造），对秩序创造者的能力要求越高，尤其是其中的系统思考能力和专业能力。

当然，只有能力是绝对不够的，主人翁责任感、既发展业务又发展组织这样的态度也同等重要。

这些具有主人翁责任感、系统思考能力、专业能力、既能发展业务又愿意发展组织的"更高效的秩序创造者"，就是很多公司所渴望的"领导者"。

换句话说，领导者就是"更高效的秩序创造者"。

这样的人才本身就是稀有的，而且想要扼杀这样的人才却是容易的。这也就解释了为什么只有少数公司能够打造"有竞争力的组织能力"，更少的公司能够打造"战略性组织能力"。

这样的能力和态度不能只靠个人的自觉自愿，也不能一直通过外部购买来解决，公司的各种机制必须要激发和奖励这些能力和态度，比如通过绩效管理理念及机制、中高层评价任用理念及机制等。

你的公司能够激发和奖励这样的"秩序创造者"吗？

本节作者为房晟陶

内功不可乱练，困难期是更新组织策略的机会期

所谓的练内功，大部分指的就是补"组织能力"的课。

形势不太好的时候，一部分企业终于有时间和意识"练内功"了。

但形势不好的时候练内功还来得及吗？肯定不是所有企业都来得及。来不及的企业得壮士断腕、丢车保帅、死马当作活马医。对于已经裸泳的企业，先练点外功穿上短裤，练内功的事看机缘吧。对于来得及的企业，冬天的时候没有好好练内功，夏天高歌猛进的时候可就没你的份儿了。

所谓的练内功，大部分指的就是补"组织能力"的课。但"内功"也不是说练就能练的，也得讲究方法。有些练就是瞎练。下面就举两个瞎练的例子。

有些公司遇事就喜欢调组织结构。领导高屋建瓴地考虑了过去、现在和未来，设计了新的组织结构，迅速宣布，个把月就部署到位。新组织结构的战略意图确实很重要，要是错了的话也很致命。但是，把战略意图想清楚了，从工作量上来说，充其量只是完成了1%，剩下的脏活、细活、累活领导就都嗤之以鼻地交给中基层了。领导层只做到这种程度，不仅算不上是练内功，连"外练筋骨皮"的水平都没达到，基本属于理个发、洗个澡的水平。真正的"内"如血液循环系统、内分泌系统、消化系统等，可这些一点都没有触及。

另外一些公司遇事喜欢"调整人"和"整肃纲纪"。调整人无可厚非，形势好的时候也会经常调整人。但是，形势不好的时候，很多公司容易让"酷吏"上位。什么叫"酷吏"？在企业的语境下，"酷吏"无非就是极端结果导向但很容易忽视价值观的人。这些人的风格就是"雷厉风行"，善

于"乱世用重典",特别符合领导者短期"整肃纲纪"的心理需求。有智慧的企业家一定要慎用"酷吏"。一旦大量"酷吏"上位,那就是"挥刀自宫"式地练内功了。

那么,该怎么练内功呢?练内功的关键和前提是更新你的"组织策略"。经历了冷热、起伏之后,一些根本性的组织问题才可以真正地被深入思考、认真讨论。可以说,形势不好的时候反而是产生真正的组织策略的机会期。对于一些年轻的公司来说,这是第一次产生真正的组织策略的机会期。要注意,这个机会期也不会长,因为好了伤疤就会忘了疼。

组织策略都包含哪些内容呢?以下是简要的介绍。

- **使命、愿景、价值观的返璞归真。**没遇到困难的时候,使命、愿景、价值观是很容易得到拥护的。但形势好的时候,这种拥护实际上只是不反对而已。经历了起伏和冷热之后,核心领导者以及核心领导团队才能更认真地总结及反省使命、愿景、价值观,真正找到想干、应干、能干的交集。
- **经营管理原则的丰富。**缺乏经营管理原则支撑的使命、愿景、价值观很容易变成口号和愿望。原则是用来指导如何处理实际工作中的具体问题的,比如如何处理刁钻的客户、如何对待供应商、如何处理长短期的平衡、如何对待竞争对手、如何对待创新中的错误等。这些都是员工在日常工作中会遇到的问题。对于这些问题,使命、愿景、价值观往往远水解不了近渴。经历了起伏和冷热,这些问题才会尖锐地出现,其重要性和必要性才可能被认真对待。这个时候,经营管理原则才能真正地生长出来。
- **公司级竞争能力的选择。**公司级竞争能力的选择,是差异化产品,或是客户亲密,还是低成本?公司服务于什么客户?增加什么价值?经历了起伏之后,核心领导者及核心领导团队才更愿意有所取舍并达成共识。

- **组织地图/文化地图**。我们虽然是一个公司，但是很可能不是一个组织。我们有多少组织？我们允许亚文化吗？我们有能力让亚文化之间和谐共处吗？不同组织靠什么凝聚起来？哪些组织需要去掉？

- **组织能力建设策略**。如果用一个公式来表现：组织能力 = f(正式组织、人才、文化、工具/设备/AI、流程/机制/系统、X)。对于本公司，要想在下一个周期中取胜，组织能力建设的重点要素是什么？是人才，是文化，还是流程/机制/系统，或者是工具/设备/AI？经历了起伏之后，企业的领导层会对关键要素的排序以及如何组合（即如何设置这个 f 函数）有更清醒的认识。

- **人才策略**。如果人才是本企业组织能力的关键要素，那么究竟是哪类人才？新阶段的新标准是怎么样的？如何变革？如何建立能持续供应及培养这种人才的系统"功能"？

- **组织气质**。使命、愿景、价值观可以保持稳定，但组织的气质可以有阶段性变化。现阶段组织需要什么样的气质？比如，有"积极求胜"这样一种价值观，但可以根据内外形势选择稳健或者敢冲敢闯的气质。

- **系统**。如果系统是本企业组织能力的关键要素，那么哪些是"战略性组织系统"，需要优先及重点投入？我们解构了十大组织系统，请参见本书第2章中的"组织系统：用'系统之眼'看组织"。这些战略性组织系统建设的路线图如何？

- **工具/设备/AI**。哪些工具和设备需要迭代更新？哪些是公司发展所需要的关键技术能力？哪些关键业务环节可以用 AI 提升效率？要做出哪些投资？

- **组织想象**。我们能为员工提供什么，不能提供什么？我们希望员工在组织里有怎样的体验？组织想象与所在行业并无必然联系。它更多取决于核心领导者的价值观：我想创造一个什么样的小社会？与核心领导者的组织想象匹配的组织策略更容易得以施行。

- **核心领导者及核心领导团队的学习成长**。这是一个重要的组织问题。核心领导者及核心领导团队的能力就是组织的天花板。他们过去的学习方式有什么问题？如何改进学习方式及学习效果？核心领导团队用什么样的机制讨论及决策组织问题？如何集体学习成长？
- **中高层团队的组织管理能力**。现在有哪些普遍缺失的能力？什么能力要成为"规定动作"及共同能力？缺乏什么样的组织管理角色使得组织管理这件重要的事情责任者缺位？

……

没有以上这些对组织策略的深入思考，"练内功"就是一个口号而已，很容易停留在"外练筋骨皮"的状态。如果你承担着高管的职责，但对上面的列举"无感"，那你确实应该加强学习了。

注意，在本节里我用了"组织策略"而不是"组织战略"。这是因为组织方面的工作不是一两个"大动作"就可以万事大吉的，尤其是在形势不好的时候。"策略"比"战略"更符合组织方面工作的特点。

本节作者为房晟陶

做好组织工作,需要创作很多 Know-how

什么是 Know-how?

Know-how 最早指中世纪欧洲手工作坊师傅向学徒传授的技艺的总称。一名手艺好的师傅是学徒的雇主,他为学徒提供食宿和培训,以换取廉价的劳动力。学徒一般从 10~15 岁开始,学徒期七年左右。在学徒期内,学徒学习的不仅是专业技能,也要学习这个行业的"门道",比如如何对待不同的客户。同时,在这个过程中,学徒也建立了对这个行业、这门手艺的感情和职业态度。

Know-how,如果从英文直译就是"知道怎么做"。更进一步的翻译就是:实际知识;诀窍;技术诀窍;专有知识;门道;从事某行业或者做某项工作所需要的技术诀窍和专业知识,等等。因为其语义丰富,在日常中文交流中,很多人直接就用英文词 Know-how,而不是用其译文。

与 Know-how 相并列的主要是 Know-what 和 Know-why。[一]

- Know-what(知道是什么,知其然,偏知识、信息和见识,是认知的基础和起点)。
- Know-how(知道怎么做,偏技能,偏工程实现,与经验高相关,是实现结果的关键)。
- Know-why(知道为什么,知其所以然,偏原理、偏信念,需要研究总结,是演绎和创新的关键)。

知识、信息、见识本身不是 Know-how;原理和信念本身也不是

[一] 有些提法还有 Know-who,本文不做探讨。

Know-how。

有经验是不是一定有 Know-how？应该说 Know-how 与经验高度相关，有高质量经验的人一般会有一些 Know-how。

但是，只有经验也容易产生狭隘的"Know-what"和"Know-how"：只知道事物的一种形态，事物稍有变形就不认得了。对于 Know-how 也容易生搬硬套，拿着锤子找钉子。比如，只见过一种特别注重招聘甄选环节的人才体系，遇见一个"大浪淘沙型"的人才体系（宽进严出型的），就觉得别人是不专业的；只擅长一招"人才画像"，然后就觉得人才画像"能治百病"。

所以，尽管 Know-how 与经验高度相关，但没有 Know-what（知道很多变形）和 Know-why（知道背后共通的原理）加持的 Know-how，很容易失效。这就是"经验主义者"的局限。

与"经验主义者"相对应的是"知道主义者"：在"Know-what"方面见识很广，描述能力很强；但在"Know-why"方面一知半解。

知道很多，但就是做不到，主要就是因为缺乏 Know-how。比如，很多人都知道原子弹，也知道 $E=mc^2$ 这个公式，但为啥没几个国家能制造出原子弹？飞机的技术原理早就不是一个秘密了（你甚至可以去逆向工程拆飞机研究），为啥造飞机还是这么难？

"Know-what""Know-why""Know-how"这三者结合起来，才能产生闭环的"真知"。在这三者之中，Know-how 是与长期的实践最分不开的。

Know-how 的价值

对于一个企业来说，Know-how 有什么价值？

一个企业有超过平均水平的利润，这往往来自差异化的产品及服务，而这种差异化的产品及服务的来源经常就是 Know-how。这些 Know-how

经常是一个企业的技术秘密，是受法律保护的知识产权。

德鲁克在《为成果而管理》一书中专门提到企业"独特知识"的重要性。他认为表面看起来客户是在购买企业"有形的产品或服务"，但实际上，客户是在用他们的购买力交换企业有形产品或服务背后的"独特知识"。

一个公司的"知识进步及技术创新系统"效能的重要体现就是Know-how积累的质量。一个公司，如果不鼓励和奖励Know-how的积累，尽管短期内可以发展很快，但是很难走远，对整个社会的知识进步也没有什么贡献。

一些上个时代的成功公司，运用的是落后的、淘汰的技术，挣的是胆子大（敢于上金融杠杆）、人力成本低（不交社保，克扣加班费）、营销路子野（比如虚假宣传）、环境成本低、政策补贴高的钱，在Know-how积累上投资甚少。

在新的市场环境下，很多"低悬的果实"已经不复存在，于是，对企业是否具有高质量Know-how的要求就大大提高了。无论是在理解客户需求方面，还是在产品研发方面，或是在供应链管理方面，如果没有高质量的Know-how积累，很多企业都会面临生存危机。

以上就是Know-how对于公司的重要性。

对于个人来说，高质量的Know-how就是谋生的关键，不管你是开餐馆的（为什么你做的蛋炒饭更好吃），还是开淘宝店卖衣服的（为什么你能秒懂客户的需求），或是做咨询顾问的（为什么客户愿意跟你交流）。

决定一个人经验质量的关键就是其所拥有的Know-how的质量。很多职场人都想去优秀的大公司工作几年，为什么？就是因为那些优秀的大公司有很多高质量的Know-how积累（以及能掌握这些Know-how的师傅）。也正因为如此，优秀的大公司是可以用低一些的薪酬吸引到人才的（就像学徒没什么工资一样）。当然，这些人都是在大公司里面工作了几年，但其中只有少数人用心掌握了一些高质量的 Know-how（并对背后的 Know-why 有所思考）。

对于肩负重大决策责任的高管来说，Know-how 就不仅事关谋生了。**没有高质量的 Know-how，领导者很容易想当然和纸上谈兵，把所领导的公司和组织带进沟里。**

对一号位来说，我要特别强调一点：**一号位对 Know-how 的理解、重视及直觉判断力，是识人用人的关键。**

平心而论，很多一号位都是挺重视人才的，也很敢于给钱。不过，很多一号位对人才的重视就是"老板式重视"，是一种工具主义的重视：你对我有用。这种重视缺乏内在的对 Know-how、对专业的理解和尊重。于是，这样的一号位就很难与那种善于沉淀 Know-how 的人才建立价值观层面的连接。

当然，这样的一号位也很容易被"知道主义者"所忽悠。

那些理解、重视 Know-how 并且对 Know-how 有直觉判断力的一号位，在识人用人方面的关注点是非常不一样的。他们会非常关注 Know-how 层面的东西，而不仅仅只停留到 Know-what 和 Know-why 层面。这种直觉判断力从哪里来？一定是一号位自己曾经在某领域积累过高质量的 Know-how，所以对于 Know-how 是有灵敏的嗅觉的。

总结来说，Know-how 对公司竞争力、对个人谋生、对高管决策、对一号位识人用人等都很有价值。

Know-how 与人生意义

Know-how 不仅对公司竞争力、对个人谋生、对高管决策、对一号位识人用人都有价值，也会给很多人带来人生意义。

绝大部分人都不会参与真正的技术创新；绝大部分人都不会有什么真正的专业（如果以医生为专业人士标准的话）。

而且，绝大多数人终此一生也不会到达高位。

但是，绝大多数人都可以积累一些 Know-how：做个好的厨师需要很多 Know-how，做个好的月嫂需要有很多 Know-how，做个好的羽毛球教练也需要很多 Know-how。

很多"手艺性"的职业在本质上就是 Know-how 的积累。

工匠精神的核心体现是高质量 Know-how 的积累。

这些 Know-how 不仅是谋生的必须手段，也是人生意义的重要来源。

Know-how 以及追求 Know-how 的过程，能给绝大部分的一般人带来除了养家糊口之外的一丝光亮。有的时候，可能靠会烧几道好菜，就已经能让配偶、子女、亲戚、朋友喜悦了。

不过，随着生成性 AI、机器人的发展，这一状态可能发生剧烈的转变。

生成性 AI 会大幅降低"Know-what"以及"Know-why"的获取成本，从而提高 Know-how 的积累速度。在某些职业、技能领域（比如画一幅一般的图），一般性的 Know-how 已经不再有太大的市场（只能当作"手工艺品"存在）。而且，有些 Know-how 可能会不再被需要（比如"造马车"的"诀窍"）。

如何在"生成性 AI + 机器人"时代给一个个"具体的人"留下工作、尊严、人生意义，这将是巨大的社会问题。

具体会发生哪些变化，谁都难以准确预计。让我们做好心理准备，静待这徐徐拉开的大幕吧。

做好组织工作也需要大量 Know-how

当我们在说 Know-how 的时候，很多人想到的是在业务环节的、有硬技术的Know-how。其实，要想做好组织工作，也需要积累大量的Know-how。

组织方面每一个常识性的道理都需要大量的Know-how来支撑。

举一些常识性的道理：合适的人做合适的事；人尽其才；平衡客户、投资者、高管、员工之间的利益；上下同欲，前后同心；为绩效付薪（Pay for performance）；建立一个战略导向的文化。

这些道理，是不是一听就对？但是这些一听就对的东西，经常是水中花镜中月，美好但难以企及。

这就是因为：每个常识性的道理都需要无数的Know-how来支撑。

就拿"合适的人做合适的事"这个常识性的道理来说，要想在组织内实现，需要哪些方面的Know-how积累？

- 要不要对"事"进行分类？如何对"事"进行分类？比如说，在岗位上要不要设置操作类岗位、管理类岗位、技术类岗位、专业类岗位？
- 如果公司业务模式还不稳定，也就是要做的"事"还不稳定，这种情况下岗位都是"流动的"，有可能对"事"进行分类吗？
- 要不要对"人"进行分类？分成多少类？比如，技术类人员要单列吗？专业类人员要单列吗？操作类人员要单列吗？管理类人员要单列吗？全面管理类人员要单列吗？
- 如果对"人"进行了分类，对不同类的"人"的评价方法都一样吗？评价什么？是绩效、价值观、能力、潜力，还是某种组合？
- 如何评价绩效？如何评价价值观？如何评价能力？如何评价潜力？由谁来评价？
- 如果对"人"不分类，会不会对"人"的要求提高了？因为既要做管理又要做专业技术还要做操作。如果对"人"不分类，会不会对人才培养不够聚焦？比如，一个人管理、专业技术、操作方面都还行，但没有任何一个方面有竞争力？
- 对岗、对"人"不分类，用"人岗匹配的原则"和"竞聘机制"能实现"合适的人做合适的事"吗？如何评价岗位的难度和价值？如果岗位职责经常变化怎么办？如果我兼任几个岗位怎么办？
- "合适的人做合适的事"的判定是公司认为个人适合什么，还是个人认为自己适合什么？如何平衡公司的评价与个人的认知（比如我认为自己很有管理能力，但公司不这么认为）？

如此种种，每个问题都需要非常具体的 Know-how 来应对。

"合适的人做合适的事"这个组织上常识性的道理，就需要**一系列系统整合的 Know-how 来支撑**。

而且，不仅需要 Know-how，组织方面的 Know-how 还有一些非常不同的难点。

组织方面的 Know-how 可转移性不强

组织方面的 Know-how 有一个重要特点：可转移性不强。意思是：在这个组织很有效的 Know-how，到了另外一个组织不一定适合。

相对来说，物理、技术世界的 Know-how 的可转移性就高得多。举一些物理、技术世界的 Know-how 例子：

- 用铁丝把一个物体固定到另外一个物体上，铁丝要拧两圈半。
- 你去维修一个机器，卸下来很多小螺丝，为了防止它们丢失，以及避免安装回去的时候漏装了几个，要把这些小螺丝都放在一个小盒里。
- 这个游戏公司专门设置了一个岗位，专注于研究"爆炸的效果"，结果这个游戏公司的"爆炸的效果"就是比别的游戏公司的效果好。

- 这部电影里面的这个镜头效果很特别，导演和摄影是怎么拍出来的？

再对比一下组织方面的一些 Know-how：

- 面试评估表里一共有八项能力需考察，但初试的时候只允许面试官考察前三项，不允许考察后五项。
- 面试复试的时候，必须有三个以上面试官同时参与，只要有一个面试官不同意，候选人就不能通过复试。
- 面试评估表里，"思考及解决问题能力"这一项的评分比重是其他七项的双倍（别的能力的评分标准是 1、2、3、4、5，思考及解决问题能力的评分标准是 2、4、6、8、10），所以如果某个候选人在思考及解决问题能力上的评分比较高，就可以抵消另外两项比较弱的能力。

读者可以判断一下，前面所列举的那些偏物理、技术世界的 Know-how 是不是"可转移性"更强一些？用到另一个公司、场景的适用性会更强。而那几个招聘面试方面的 Know-how，即使是来自非常优秀的公司，如果挪用到你们公司，用了之后会有效吗？

组织方面的 Know-how 为什么可转移性不强？这是因为，组织作为动态社会系统，影响变量多、影响变量隐性且难以量化、影响变量之间因果互动。举个例子：一个高管离职，其影响变量就包括高管的专业能力、高管的通用领导力、高管的价值观/脾气、一号位的能力、一号位的脾气/价值观、公司的战略、薪酬待遇、股权、其他高管的态度、其他高管的能力、下级的能力、下级的态度等。这些影响变量中，很多都比较隐性且难以量化，比如，怎么衡量能力不行？怎样感知和衡量其他高管的态度？怎样衡量脾气？因果互动指的是什么？是因为能力不行所以一号位不信任，还是因为一号位不信任所以高管能力不行，哪个是因，哪个是果？两个都可以是因，也都可以是果。于是，对组织这个动态社会系统做变量灵敏度分析很难。其不确定性是远高于物理、技术世界的系统。

还有，组织工作往往是长周期、慢反馈，没有经历有质量的周期就不能看到反馈，理解不了隐性影响变量的重要性（比如说抗挫折能力对高管的重要性在短期内是看不出来的），所以依据短期观察的结果而沉淀下来的 Know-how 本身就有问题。

于是，对任何一个组织问题都"没有绝对正确和唯一正确的答案"。 对这个组织非常适用的一系列 Know-how 到另外一个组织就大部分不适用了。比如，帮助这个组织实现了"合适的人做合适的事"的那些 Know-how，拿到另外一个组织里，就南橘北枳了。甚至，在同一个集团公司内，不同业务性质、不同一号位的事业部之间，组织类 Know-how 的可复制性都不强。这也就意味着，组织方面的 Know-how 很难抄作业，需要大量的"创作"。

组织方面 Know-why 的特点

组织方面 Know-how 的可转移性比较低，还与组织方面的"Know-why"特点有关。

相对来说，物理、技术世界的"Know-why"很多都是可以实验证明的，是可以用公式来表达的。比如，$F=ma$，$E=mc^2$ 等。这些物理、技术世界的"Know-why"是价值观中性的。

但是，组织方面的"Know-why"有更多"信念"甚至是"信仰"的成分，也就是"我相不相信"。比如说，我相不相信如果在一个群体里践行自由、平等的价值观，假以时日，这个群体就会变得更强大？比如说，在一个组织里，我是倡导自由优先于平等，还是平等优先于自由？这两种信念会有什么不同？不同的信念选择，就需要一系列不同的 Know-how 的支撑。而且，一系列 Know-how 如何实现"系统整合"？关键就是背后的"信念"是否一致。相互冲突的信念也会导致在 Know-how 层的相互抵消。

相对来说，物理、技术世界的"Know-why"与"Know-how"是可以分离的。比如，你可以有多种不同的方法去制造形状各异的飞机，但是在空气动力学原理上，大家都是有共识的，是不会有情绪化的冲突的。

组织方面"Know-why"的这个特点，也解释了这样一些组织现象：比如，OKR 在谷歌和字节跳动是"最佳实践"，但是使用 OKR 要动态透明；要鼓励设定探索型目标和愿景型目标，而不只是接受言之凿凿的承诺性目标；中基层要有自我设定目标的能力。某餐饮公司要求门店厨师和服务员每周有 OKR，厨师和服务员求饶不止，显然 OKR 就不适合成为这家餐饮公司门店管理学习的对象。

再举个例子，矩阵制的组织架构是很多多项目运营组织的"最佳实践"。但要矩阵架构发挥出理想的功能，对组织中的人员能力、决策机制、文化等有多方面的要求。所以说：

- 一号位是否具备"坚定的信念"，以及一号位对高管是否有"思想领导力"，是组织工作成败的根本。
- 一号位的组织想象决定了组织的上限。
- 每个高管都有自己的"信念"。高管团队的信念一致性不高，组织工作就难以推进。
- 组织工作的操盘人（比如 CHO）的信念与一号位的信念之间如果不匹配，操盘人的那些 Know-how 就很难发挥出作用，于是操盘人也可能经常会更换。

- 一号位更替，一般要找一个与其匹配的组织工作操盘人（比如 CHO）。
- 组织工作操盘人（比如 CHO）的"坚定的信念"也是组织工作成败的关键。在组织工作上，一号位是"县官"，操盘人是"现管"，很多时候"县官不如现管"。
- 组织工作的操盘人（比如 CHO）是个高危岗位（以上每一条都可能导致其失败）。

当然，讲到这儿，很多人会问，在组织工作方面，究竟是"Know-how"重要还是"Know-why"重要？

有些人认为 Know-how 重要。因为他们看到，那些好的价值观（比如自由、平等），好像每个人都想要，但就是做不好，所以 Know-how 更加重要：大家不是"不想干"而是"不会干"。持这种观点的人，会把很多精力放在"改良""赋能"上：他们认为能力提高了，价值观自然会迭代。

另外一些人认为"Know-why"更加重要。他们认为，做不好从根本上来说还是因为其并不真正相信这些价值观。持这种观点的人不相信"改良""赋能"，更相信"换了人才可能换思想"，换成那些见过这种价值观、相信这种价值观的人，事态才可能发生变化。

两种观点都有道理，但也都会遇到挑战。实际上，在组织方面，"Know-how"与"Know-why"是难以分离、因果互动的。这也是组织类 Know-how 的一个重要特点。

这就意味着，做好组织工作，既需要从"Know-how"归纳总结提炼到"Know-why"的能力；又需要从"Know-why"演绎推理到"Know-how"的能力。

尤其是从"Know-why"演绎推理到"Know-how"这个"创作能力"，非常具有挑战性。比如，如何在"自由、平等、公正、法治"的信念和价值观下建立组织？

组织工作的领导人（公司一号位、CHO 等）如果缺乏这种能力，就**难以创作一系列系统整合的、信念/价值观一致的组织 Know-how**；这样的领导者即使有一些好的理念，也只是美好的愿望，逐渐会沦为说一套做一套的把戏。

小结

Know-how 不仅是公司竞争力的关键、个人谋生的关键，对于很多人来说，Know-how 也会给人带来人生意义。

很多人都知道 Know-how 对于业务竞争力的重要性。实际上，要想做好组织工作，也需要积累大量高质量的 Know-how。

"Know-what"可以通过培训考察迅速获得，"Know-why"通过培训也可以做到似懂非懂，但 Know-how 离不开长期的实践。

组织方面的 Know-how，可转移性尤其不强，所以每个组织都需要根据自己的实际情况（包括一号位的特点、行业特点、战略差异性），创作自己组织的"专属 Know-how"。

在组织方面，生成性 AI 的发展也会降低"Know-what"的获取成本，从而提高 Know-how 的创作速度，降低 Know-how 的创作难度。不过，因为组织方面 Know-how 可转移性比较低的特点、组织方面 Know-how 与 Know-why 之间"难以分离、因果互动"的关系，组织方面的 Know-how 还是会给"人"和"实践"留下相当大的"创作空间"。

本节作者为房晟陶

第4章
· CHAPTER 4 ·

建立组织的手法

建组织要先 to B 再 to C，先"公正"再"仁爱"

"道德的个人"与"不道德的组织"可以并行不悖。

这里所说的 to B 和 to C，用在组织发展中，更准确的表达是"对群体"和"对个人"。

很多老板实际上都在以 to C 的思维去管理组织。他们想象着，如果每个人都是积极肯干的人才，这个企业就会自动成为一个高效的组织。公司小的时候，这种理论有一定的有效性。随着公司规模变得越来越大，这种理论越来越行不通。很多公司会出现"一群优秀的个人"与"一个低效的组织"并存的景象。这种景象看起来令人迷惑，本质上是指导思想不对。

这就像是我们认为，如果人人都成为"君子"，社会就会和谐而公正。这个 to C 的逻辑链看似合理，实际上忽略了"群性"这个重要问题。

在这种对个人的文化氛围下，外来及新生的思想很容易被改造为个人修身养性、追求内心平静的方法。其中的"公共"及"公德"部分很快就会被打压及筛选掉。偏 to C 的伦理学实际上取代了宏观的政治学、社会学、法学等，成了部分人潜意识的组织方法论。

to B 与 to C 的区别在概念上很容易理解，但在实践中两者之间有一个难以轻易跨越的鸿沟。这就像有些企业擅长 to C 的业务但很不擅长 to B 的业务，想从一个 to C 的心智模式转变为 to B 的心智模式也是非常困难的，反之亦然。

下面我们来看一下组织中 to C 的思维模式在现实生活中的一些表现。

有些领导在小范围内（一对一、几个人、酒桌上）是个非常好的沟通者，语言生动、"界面"友好、风趣幽默，但公众演讲及撰写面向一大群人的文章对于他们来说很难。他们很难去把握及兼顾不同群体的不同诉求，所以干脆就回避这样的场景和任务。

to C 型管理人员（比如 HR）很善于领会老板的意图，人情练达，很容易成为老板的"心腹"，但在思考组织问题时，好像立刻就缺了根弦。比如，只能看到人的能力和情绪，但看不到人背后的流程/机制/系统，而且，人群大了，想做到人情练达也是不可能的，维护了这个可能就得罪了那个。让老板满意了，高管可能对你有意见。同样的道理也适用于 to C 型的老板。他们很讲义气、出手阔绰、酒德很好，经常掏心掏肺。这种方式建立起一个"大秤分金银，大碗吃酒肉"的团伙还可以，但组织大了之后，这种"美德"反而会逐渐成为建立组织的障碍。过去的兄弟会渐行渐远，陆续离开，而这种老板也很自然就把这种离开定义为"背叛"，甚至原来称兄道弟的哥们一离开，立马就变成了仇人。

不能否认，这些人在"个人人品"方面是不错的，你也可以感受到他们很真诚地"为你好"。但面对一大群人的时候，以"为你好"的态度为指导思想是走不远的，其结果必然是"有等差"的爱。人群大的时候，要求每个人做到"不伤害"他人权利是更加可能的。"为你好"就是偏 to C 的原则，"不伤害"就是偏 to B 的原则。

偏 to C 的人，在与他人没有"特殊关系"的时候就会感觉到"不安全"。你要是没有跟他喝过大酒、掏过心窝子、表过忠心，他就觉得你不是他的人。偏 to B 的人，一般会先小人后君子，如果在 to B 的层面没有默契，就不会发展个人关系。对他们来说，"公共规则"先于"个人感情"。反过来，偏 to C 的人倾向于先千方百计建立个人关系，然后在 to B 的时候对规则就很随意了。对偏 to C 的人来说，个人感情和关系重于公共规则。一般来说，to B 的人会很客气、很职业，职业到了让人觉得有点儿冷冰冰的程度，到了让人无法交朋友的程度。但结果会怎么样呢？一般会更守规矩、更有原则、更清廉。

在浓浓的 to C 组织氛围下，"聪明人"都知道做 to B 的事情费力不讨好，所以他们尽可能避开那些"对群体"的事。

to C 型的领导特别喜欢把问题都归结为人的问题，而不去反省流程、机制、系统的问题。于是，形势好的时候把人捧上天，形势不好时把人砸进地下三尺。

很多公司的培训体系也是基本以 to C 为基调的，比如"提高你个人的领导力""自我认知""影响力"等。即使是非常优秀的公司，其培训体系中往往也会缺少 to B 这类培训，比如"罗伯特议事规则""组织绩效模型"等。

如此种种，都在以 to C 的思维定式影响和阻碍组织形成。建立组织当然也需要 to C。如果忽视 to C，很容易出现一方面宣称尊重人性，另一方面却在做着伤害个人的恶行。我们需要管理 to B 和 to C 之间的张力。建立组织，尤其是大组织，首先是 to B，然后才是 to C。

从政治视角看，组织是博弈及权力制衡，所以要先公司治理再人员管理；从社会视角看，组织就是信仰，所以要塑造共同的价值观；从工程视角看，组织就是系统，所以要规划功能，梳理流程，建立机制；从法律视角看，组织就是规则和强制，所以要建立制度和监督执行。

以上这些视角都是偏 to B 的视角，而不是偏 to C 的视角。如果没有公司治理、共同的价值观、有功能的系统、规则和强制等这些 to B 的前提，那些 to C 的管理手段、人际技巧、个人品德的作用会极其有限。

to B 需要的情感首先是"公正"，to C 首先需要的是"仁爱"。先 to B 再 to C 就是先"群体"再"个人"，就是先"公正"再"仁爱"，先"大爱"再"小爱"，先"普遍主义"再"特殊主义"，先"宏观"再"微观"。

to B 与 to C 并不是矛盾的。先 to B，再 to C，目的也是让更多的个人在群体里面获得相对最优解，让更多的个人遇见更好的自己。没有 to C 的发展，to B 存在的意义也不大。

在从"团伙"到"组织"的进化过程中，创始人及领导团队要有一个从 to C 到 to B 的思维转化过程。怎样才能实现从"对个人（to C）"到"对群体（to B）"思维模式的转变？可以多学习一些宏观学科，比如政治学、社会学、法学、公共管理学等。心理学、教练技术、"心学"等这些学科或流派都很重要，但若没有前面那些宏观学科的基础，只会事倍功半。

本节作者为房晟陶

专业多一分，组织里的"宫斗政治"就会少半分

最近这些年，宫斗剧动辄就火得一塌糊涂。很多人从中汲取着营养，成长为世事洞明、人情练达、如鱼得水的"宫斗剧政治家"。这些宫斗剧算是很成功的"知识付费"项目了。

我相信，绝大多数人都不会喜欢身处一个充满复杂人际关系、人治、小帮派、任人唯亲、腐败等现象的组织里。在目的相对单纯的企业组织里面，绝大部分员工更期待一个简单的组织环境。

怎样才能减少企业组织中的宫斗政治？我能想到的最重要的方法就是：化政治问题为专业问题。组织工作多一分专业，组织里面的宫斗政治就少半分。

为什么这里不敢说"专业多一分，政治就少一分"呢？因为两者确实不对等。政治挥手就来，专业需要持续积累。另外，组织这种事，每个人都略知一二，要想让人把它当成个专业对待非常难。所以，专业多一分，政治能减少半分就已经不错了。

如何在组织工作中多一点儿专业？

最重要的是先理解组织这个专业的特点。组织这个领域主要是社会科学而不是自然科学，而我们对科学的理解基本都是对自然科学的理解。自然科学相对黑白分明，但是社会科学很不一样。

社会科学的重要特点就是"统计概率"。社会科学的结论不能用反证法去证伪。

拿"看人"这件事来举例说明一下这个特点。公司 A 的老总是个在看人方面天赋异禀的牛人。公司 B 建立了一个基于素质能力的招聘系统：

也就是整个公司基于"素质能力"这个专业方法论，发展出统一的招聘标准；基于这个标准，建立相应的面试流程、表格并分配决策权限；培训中高层经理使用这个招聘标准；根据招聘的结果持续改进这个标准；这些要素加在一起共同形成了一个不依赖某个牛人的"招聘系统"。

在判断任何单个人的时候，公司 B 的招聘系统都可能不如公司 A 这个天赋异禀的牛人老总看得准。牛人老总凭借多年的经验，可以把某个人看得"透透的"，而这个基于素质能力的招聘系统在看单个人的时候可能会错得离谱。

也就是，在一个人规模的时候，牛人老总的成功率可能接近 100%，而招聘系统则是接近 0，牛人完胜。但是，这个招聘系统跟你比的可不是这个。你不能凭借对一个人看得奇准来证明这个专业系统是错的。你要非这么做，就是在用"反证法"来否定社会科学的"统计概率"。

在 10 个人规模的时候，牛人老总能对 5 个，成功率为 50%。这个专业系统只能对 4 个，成功率为 40%。50% 对 40%，牛人老总仍然占优。

在 100 个人规模的时候，牛人老总很努力地工作，看对了 40 个。专业系统也能对 40 个。成功率都是 40%，两者打平了。

到 1000 个人规模的时候，一个基于素质能力的招聘系统还能保证 40% 的成功率，即看准 400 个，而牛人老总费了九牛二虎之力，也只能看准 300～400 个，而且其中一部分还会被"县官不如现管"的其他高管干掉，因为这些高管每个人都有自己用着顺手的标准。这个时候，专业系统开始明显反超了。

而且，如果只依赖牛人老总的眼光，到了这时候，用人方面的很多宫斗政治已经普遍开始了。你看着我的人不顺眼，那你给我找人吧。我可以轻松让你给我找的人在我这儿混得无比失败。然后，你再怎么办？你把我换了？可以啊，我这儿的一帮兄弟都会跟我走。

到 10 000 个人规模的时候会怎么样？不用说了，专业系统完胜。牛人老总那里的宫斗政治已经积重难返了。

有人会反驳说，我在 100 个人规模以下的时候，就已经把你打得落花流水，你根本没有规模做到 1000 个人和 10 000 个人的机会。关于这个，你确实是对的。这也是专业的局限性。一个组织在幼年期和童年期，企业家的直觉、行动力确实是成功的关键。这个阶段的成功有很多偶然性，不能迷信专业。不过，到青少年期的时候，你就得开始转化。到了青年期的阶段，如果还沉迷于童年期以前的成功经验，你就是在刚愎自用。知道什么时候该注重专业，就是组织这个专业的一部分。

要是想让组织工作多一分专业，就得讲三分学习。没有学习，哪儿来的专业？

但对于老板来说，学习的目的首先不是要掌握某个具体的专业技术，而是要掌握"统计概率"这个重要特点。没有这个理解，很多老板（以及老板周边的人）很容易把不讲理、缺乏耐心美化为"领导魄力"。在理解了这个特点之后，老板更可能对"专业方法论"做出价值判断。换句话说，在组织方面，老板最大的不专业就是不尊重"专业方法论"。

然后，老板的专业就要体现在创造一个尊重"专业方法论"的组织氛围上。因为要想实现这种"统计概率"性质的"专业方法论"的价值，整个组织都需要一点儿"简单地相信，傻傻地坚持"的精神。组织工作中这些方法论一方面是专业，另一方面更重要的是纪律。比如，看人的方法有很多种，大家要不要统一选用一种最适合本企业的？不然，你用性格测试，我用学历，他用素质能力，领导用生辰八字，这事儿怎么办？本来可以用专业和纪律解决的问题，逐渐就变成了政治问题。

再比如，看组织问题有很多模型，是用麦肯锡的 7S，还是用 IBM 及华为的 BLM？顺其自然就会导致鸡同鸭讲，各说各话。专业问题又变成了政治问题。无论是看人还是看组织，没有哪一个专业方法论是完美的，是可以彻底碾压其他套路及模型的。但是，因此而允许整个组织没有共同语言，是个相当不专业的事情。

以上是老板要做的重要功课。高管要做些什么以增加组织工作的专业性呢？

第一，千万别把职业当专业。职业的很大一部分是程序化，而程序化本身不是专业。程序化的人的典型表现是这样的：你问他如何把大象放进冰箱，他会告诉你，先打开冰箱门，把大象塞进去，再把冰箱门关上。程序上非常完美，就是不能解决问题。单纯的职业不是专业。甚至可以说，职业与宫廷政治之间就是一步之遥。

第二，做组织工作难免需要跟人打交道，人际关系能力是不是专业？我认为尽量不要把它当专业。你要是人际关系能力不怎么样但还能增加价值，那才是专业。当然，这不是要求你变成一个讨厌的人。"专业＋善意"还是必需的。

第三，"见识"也不是专业。听过、知道、见过甚至体会过也不是专业，而是"见识"。这特别适用于那些从大企业出来的经多见广的人士。只有你"创建"过，那些"见识"才能转化成专业，不然"纸上得来终觉浅"。

第四，单纯的专业本身很难起作用，因为组织问题都是系统问题。专业只是系统中的要素/部件。不善于建立组织系统，有要素/部件层面的专业也没有什么用，而且经常有怀才不遇之感。建立组织系统是更大的专业。

第五，专业还必须结合创业。专业工作得做，脏活累活也都得干。举个例子，设计结合战略需要、业务特点、组织现实的面试标准有点儿专业含量，但是按照这个标准去培训100个面试官，面试1000个人就是"脏活累活"了。但是这个脏活累活得干,也非常有价值。不经脏活累活的检验,专业就不会转化为生产力。

专业能力、系统能力、创业精神三者结合起来才能创造价值。创造价值才是专业。

凡此种种,有很多让组织工作更专业的思路和方法。专业多一些,宫斗政治就少一些。宫斗政治少一些,我们的生活质量就高一些。

最后我得强调一下,我们的目的不是清除组织中所有的政治。有人群的地方就有政治。任何想消灭组织中政治的意图,本身就是不专业的,是乌托邦的幻想。我们能做的是减少宫斗政治的量以及控制其负面影响。

本节作者为房晟陶

野蛮成长不是忽视组织建设的充分理由

很多人认为野蛮成长期"做业务"是关键,"建组织"这样的事情等做大做稳之后再说。这种看法对吗？我不太同意。

首先，别以为只有你经历了野蛮成长，别人都过的正常的、快乐的"童年"。哪个成功的公司没经历过野蛮成长期？你可能说"我们行业不一样"。你所处的行业也不止你一个公司。**长期发展得好的公司，哪个不是在组织上有独到之处和先见之明。**

其次，别以为过了野蛮成长期，你就有时间搞组织建设了。你原来没时间搞组织建设，等你规模大了，可能更没时间搞组织建设：忙完了这一阵，总是有下一阵可以忙，而且，当你有时间搞组织建设的时候，"组织"这个东西已经强大到你搞不懂、搞不动了。就像孩子都要上高三了，你才想起来去培养他的学习习惯，已经晚了。

还有，别总怪资本。资本的天性是贪婪、冷漠与短视。这个大家都知道。不过资本有一点好处，就是它对每个企业都是公平的，不可能出现它对你特别贪婪和短视，而对别人特别慷慨和目光长远。用钱的时候你特爽，却回过头来怨恨资本裹挟你只顾业务不做组织建设，是不是有点儿不太地道？

如果你是"商业模式 + 资本运作"的天才，通过业务上的发展规避了组织上的挑战，恭喜你，你可以高兴一阵了。不过我估计，与组织没有交融的商业模式，护城河也不会怎么深。被攻陷是迟早的事，不是被竞争对手攻陷，就是被资本攻陷。当然了，如果你就想追求个轰轰烈烈，你也算成功了。还有，如果你只是想着赚一把之后就脱离实业去做投资，决定不投资于组织,我也就不多啰唆了。

对于还在试图探索在野蛮成长期组织建设之道的企业家,我提出一些思考和建议供参考。这些思考和建议不求系统全面,但求启发思考。

组织的人数与组织的复杂度并没有必然的关系。别用人数吓唬自己或者抬高自己。很多在人数上野蛮成长的公司,岗位数并没有迅速增加。比如,电销、地推、客服等这种岗位最容易堆积人数,但对组织管理难度的影响不大。还有,一般来说,可以迅速、大量增加人数的岗位,专业技术含量都不会太高。另外,公司的人很多,基本组织单元也有可能不多。比如,一个类连锁企业(不管是互联网行业的还是传统行业的),基本组织单元就是一个门店或由多个门店组成的一个区域。

比人数的野蛮成长可怕得多的是,一个公司从来没有认真、深入地研究几个人数众多的典型岗位的特质要求、任务要求、价值观要求,更没有认真、深入、动态地研究一个组织单元的运作规律,然后就以野蛮成长为由原谅自己在组织建设上的各种不足。

真正的挑战在于中后台(含总部)那百十来个岗位。但我敢说,绝大部分单业务公司中后台的关键岗位不会超过100个,尤其是在所谓的野蛮成长期。100来个岗位的组织都搞不定,换人换思想吧(包括换自己的思想)。

另外,敢于迅速大量增加人数的公司很多都是在提供"非人命关天"的产品和服务(比如中介性的服务),所以才敢"萝卜快了不洗泥"。你要是造飞机的,你敢不经各种严格测试,就让客户去试坐?如果你是开餐馆的,一个食品安全事故就可能导致公司倒闭,你敢野蛮成长?有些产品及服务的性质大大降低了对组织严密度的要求,从而也降低了组织难度。人再多也就是乱点儿而已,不是生死问题。

野蛮成长期内还有另外一个有利条件,就是当时并不需要所有的组织系统都同时建。就像一个胎儿的成长规律，某段时间是某几个系统的重要成长期，而不是所有系统的成长进度完全相同（比如胎儿的神经、呼吸、骨骼肌肉、泌尿、消化等系统的重要成长期是不同的，有一定的先后顺序和规律）。组织也是由若干组织系统构成的，虽然没有那么整齐划一的发展规律，但不同组织系统的建设确实可以有阶段性重点。选择对了，建立组织的工作也会事半功倍。

与此相关，还得说一下，有些创始人兼CEO所说的"做业务"包含两种不同的做业务：一种就是纯粹为了增长数字而做业务；另外一种是边做业务边建立业务系统。如果是后者，在野蛮成长期只重视做业务的错误还没有那么大，因为建立业务系统也是建组织的一部分。

在野蛮成长期内建组织的另一个关键点是创始人兼CEO必须动员组织里面的精英人群参与组织工作。及早建立一个强大的人力资源部固然重要，但组织工作远远不仅是人力资源部的工作。不懂组织以及排斥组织工作的人也没什么培养前途（技术天才类人员除外）。对骨干既要求发展业务也要求发展组织，是个一举多得的事情。但这方面的认识及决策必须由一把手来实现。甚至为此有些公司把人力资源部降维为人事行政部都是个可行的策略。这样一来，业务经理没有指责和甩锅的对象，反而可以倒逼他们承担组织管理的责任及提高自身能力。

另外，建组织不仅是个重视不重视的问题，背后还有更根本的世界观、价值观问题。我观察到，很多创始人兼CEO以及他们的投资人的领导力审美处于《三国演义》里曹操的水平。曹操认为"夫英雄者，胸怀大志，腹有良谋，有包藏宇宙之机，吞吐天地之志者也"。我得承认，秉承这种标准的人是很"聪明"的，他们谙熟在目前这种社会环境下的"成功之道"。但这个标准我并不欣赏，因为我认为它缺了"敬天爱人""格物致知"这两条。在这种价值观的指导下，"奸雄"和"枭雄"也会建立"组织"，但是我总觉得那种组织更像是"利益团伙"。但我不欣赏又怎样？只能"敬而远之"而已。曹操还在那儿"冢中笑尔书生气"呢。

关于在野蛮成长期建组织，我再提最后一点，有点儿偏理念：拥抱张力，而不是试图消灭张力。"业务"和"组织"之间有着永恒的张力。组织和业务之间存在变换关系，组织问题会转化为业务问题，业务问题也会转化为组织问题；组织方面做得好，会减少业务方面的压力；业务方面做得好，也会减少组织方面的压力。

更具体来说有两个张力：一个是"结果导向"与"注重过程"之间的张力；另一个是"从问题出发"与"以终为始"之间的张力。试图用"结果导向"去覆盖"注重过程"，初期很爽，但更大的问题很快就会涌现。同理，试图用"从问题出发""逢山开路，遇水搭桥""行动先于思考""摸着石头过河"的人才审美去排斥那些擅长"以终为始""谋定而后动""讲究专业"做事风格的人，初期也很爽，但是代价很快就得支付。在这两组张力关系中，"结果导向"和"从问题出发"是非常容易取胜的。在这两个维度上，创始人兼 CEO 必须实现平衡。这种平衡不是平庸的平衡，而是两极都很高的平衡。真正的高管、将才，都必须在这两个维度上通过长期的修炼实现平衡。如果"结果导向"及"从问题出发"占了绝对上风，组织建设就很难开展，不管是在什么阶段。

创始人如果因为对组织问题缺乏敬畏以及心存侥幸而失去对公司发展节奏的把控，那将很令人可惜。组织方面一旦出问题，创始人兼 CEO 就很容易对公司发展节奏失控。如果失控了，离失败就不远了。

本节作者为房晟陶

组织方法论的层次

本节从方法论层次的角度去解读组织方面的挑战，比如创始人兼 CEO 与 CHO/ 人力资源副总裁（HRVP）难以同频、对话，经常一拍两散等现象。方法论错层、缺层及同一层次的互不兼容，都会使高效的讨论和对话难以产生。

我们试着把组织方面的方法论分为六个层次来构建一个简单的"神经网络"，如图 4-1 所示。组织方法论的层数（layer）不一样，你处理组织问题的"神经网络"（neural network）的结构就不一样，出来的"算法"（algorithm）自然就不一样。

零级：人生方法论；
典型问题：如何拥有幸福的人生？

一级：创始人兼 CEO 层次；
典型问题：如何创建一个企业？为什么需要组织？

二级：首席组织官（COO）层次；
典型问题：如何建立或迭代组织？谁来领导这个工作？

三级：首席人力资源官（CHO）层次；
典型问题：如何建立一个人才选育用留系统？如何塑造文化？

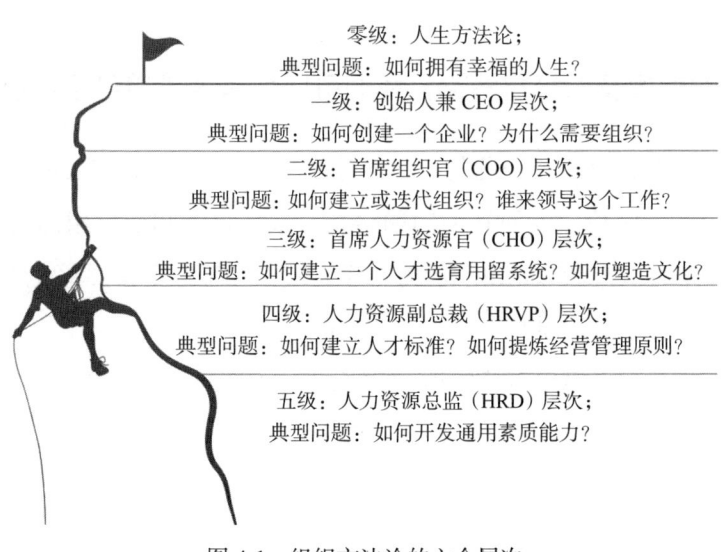

四级：人力资源副总裁（HRVP）层次；
典型问题：如何建立人才标准？如何提炼经营管理原则？

五级：人力资源总监（HRD）层次；
典型问题：如何开发通用素质能力？

图 4-1　组织方法论的六个层次

一级问题视角及一级方法论，我们可以称其为"创始人兼 CEO 层次"

创始人兼 CEO 首先关注的问题是"如何创建一个企业"，需要的是创建企业的方法论。如果用公式来简单表达的话，创始人需要一个类似"企业 = f（产品 / 服务，使命 / 愿景，技术，组织，资本，X）"这样的创业方法论。创始人兼 CEO 要把产品 / 服务、资本、组织等不同类的要素组合起来，使其成为一个整体。

在这个一级问题视角及方法论层次，"组织"只是其中要素之一。要素之间有代偿作用。如果其他要素如"资本"做得好，对"组织"这个要素的要求就会降低。

这个一级方法论解决了"组织"这个要素在整体中的要求和定位问题。但达到对"组织"这个要素的要求和定位，需要下一级的方法论。

二级问题视角及二级方法论，我们可以称其为"首席组织官层次"

这个层次要解决的问题是"如何建立或迭代组织"，需要的是建立或迭代组织的方法论。要回答的问题包括：谁应该承担建立组织的领导职责？什么是组织？什么是组织能力？建立组织要考虑哪些要素？建立组织与管理组织有什么不同？

如果用公式来简单表达的话，首席组织官需要一些类似"建立或迭代组织 = f（首席组织官，组织模型，组织系统，组织策略，变革艺术，创业精神及创作能力，X）""组织能力 = f（正式组织、人才、文化、工具 / 设备 /AI、流程 / 机制 / 系统、X）"等这样的组织方法论。

上一段中的两个公式里面的要素不像"企业 = f（产品 / 服务，使命 / 愿景，技术，组织，资本，X）"这个公式里面的要素那么容易理解，所以还要解释什么是组织系统，都有哪些组织系统，如何选择本组织的关键组织系统，什么是组织模型，什么是组织策略，建立组织为什么需要变革艺术，建立组织为什么需要创业精神及创作能力等。

在这个二级问题视角及方法论层次，"组织系统"只是其中要素之一。要素之间有代偿作用。如果其他要素如"组织策略""创业精神及创作能力"做得好，对"组织系统"的要求就会降低。

这个二级方法论解决了对类似"组织系统"这样的个体要素的要求和定位问题。但具体来说如何达到对"组织系统"这样的个体要素的要求和定位，需要再下一级的方法论。

三级问题视角及三级方法论，我们可以称其为"首席人力资源官层次"

顺着二级方法论里举的"组织系统"这个例子讲，在第三层次要解决的问题就比如如何建立一个人才选育用留系统，如何建立一个文化管理系统。这需要一个建立组织系统的方法论。

如果用公式来简单表达的话，首席人力资源官（CHO）需要类似"建立组织系统 = f(功能/目标，关系/连接，要素/部件，价值观/原则，变革管理，X)""人才选育用留系统 = f(人才类型，人才标准，人才获取，能力与潜力的关系，评价，评价与任用的关系，淘汰，标准与评价和淘汰的关系，X)"这样的系统方法论。

这两个方法论要回答的问题包括：为什么功能/目标对系统很重要？为什么只有要素形不成系统？为什么关系/连接很重要？价值观与组织系统是什么关系？具体到人才选育用留系统，这个人才选育用留系统要达成什么样的功能/目标？"淘汰"是个重要功能/目标吗？它有哪些关键要素/部件，比如"标准"是关键要素/部件吗？"评价"是关键要素/部件吗？"人才获取"是关键要素/部件吗？它有哪些关键连接，比如"标准与评价和淘汰的关系"是关键连接吗？

在这个三级问题视角及方法论层次，对人才选育用留系统来说，"人才标准"只是其中的单个要素。如果其他要素如"淘汰""人才标准"，关键连接如"标准与评价和淘汰的关系"做得很好，对"人才标准"本身的要求就会降低。

这个三级方法论解决了对"人才标准"等要素的要求和定位问题。但具体来说如何达到对"人才标准"的要求和定位，需要再下一级的方法论。

四级问题视角及四级方法论，我们可以称其为"人力资源副总裁层次"

顺着三级方法论里举的"人才标准"这个例子讲，在第四层次要解决的问题就是"如何建立人才标准"，这就需要关于"人才标准"的专业及工作方法论。

如果用公式来简单表达的话，人力资源副总裁（HRVP）需要类似"人才标准 = f（通用素质能力，职能素质能力，专业能力，价值观要求，职业序列及等级，X）"这样的方法论。

在这个四级问题视角及方法论层次，对"人才标准"这件事情来说，"通用素质能力"只是其中的单个要素。要素之间有代偿作用。如果其他要素如"职能素质能力""价值观要求"做得很好，对"通用素质能力"本身的要求就会降低。

这个四级方法论解决了对"通用素质能力"等要素的要求和定位问题。但具体来说如何达到对"通用素质能力"的要求和定位，需要再下一级的方法论。

五级问题视角及五级方法论，我们可以称其为"人力资源总监层次"

继续第四层次的"通用素质能力"的举例，在第五层次要解决的问题就是"如何开发通用素质能力"？这就需要相应的专业及工作方法论。

如果用公式来简单表达的话，人力资源总监（HRD）需要类似"开发通用素质能力标准 = f（高绩效员工访谈，领导者人才审美，下一阶段战略需求，实际使命、愿景、价值观，外部同行业对标，聘请专业咨询公司，X）"这样的方法论。

问题视角和方法论的层次还可以向六级、七级分解下去，直至最后输出、收口到每个具体的员工身上。实际上，还可以向上溯源。比如，也可以有零级的方法论，那就是创始人兼 CEO 对于人生幸福和成功的方法论了。

分层很重要，不同的人会有不同的分层。不同的分层会导致不同的"神经网络结构"及"算法"。关于以上的分层，有人会质疑，HRVP 层次与 CHO 层次真的可以区分吗？我认为这两个层次是有明显不同的。CHO 必须是向一个独立公司的 CEO 汇报的，而 HRVP 往往向一个大的分公司总经理汇报，比如向一个大公司里面的 BG 负责人或者 500 强外企中国区的总裁汇报。这两种场景下的实质挑战是很不一样的。同理，CHO 与首席组织官也是有明显不同的。简单来说，只是管理一个已经成形的组织，没有经历过"建立组织"阶段的 CHO 很难实质性贡献于首席组织官功能。

有些人还会问，在这种"神经网络"里面，是不是必须在上一层次做好后才能到下一个层次？不是的，这就是系统的奇妙之处，这个"神经网络"有很强的自适应能力。任何一个层次上的有质量的工作都可能促进相邻层次的进化。比如，如果在第四层次的"人才标准"这个要素 / 部件上做得比较好，不仅第三层次的"人才选育用留系统"会更有机会做好，第三层次中与"人才选育用留系统"并列的其他系统如"文化管理系统""绩效管理系统"都可能被带动起来，最后使所有组织系统都加强。第三层次"组织系统"的整体加强又会向上影响第二层次，促进与"组织系统"并列的"组织策略"的进化。如此种种，有很多可能，难以完全预测和控制。

这种组织方法论的分层及"神经网络"可以解释很多问题。比如，它就可以解释为什么创始人兼 CEO 与 HRVP 很难同频、对话，经常一拍两散。

想象以下场景：一个只具备一级问题视角而且一级方法论都还没搞清楚的创始人兼 CEO，与一个具备四级问题视角及方法论的 HRVP，他们怎么才能进行建设性的讨论和共创？难道靠沟通能力及人际技巧就能解决方法论的问题？甚至，能有个具备四级问题视角及方法论的 HRVP 已经算是很好的了。对于创业小公司来说，能吸引个具备五级问题视角及方法论的 HRD 就不错了。一个一级的视角，一个五级的视角及方法论，如何讨论问题？能同频及对话才怪。

如果只是错层，还没那么复杂，至少大家还承认有第二层、第三层。我观察到的现象是，大部分创始人兼 CEO 以及资深的 HRVP 会结构性地忽略二级问题视角及方法论，很多人甚至连三级问题视角及方法论也会忽略。这样，他们就从一级问题视角及方法论直接到了四级、五级问题视角及方法论。这种严重的缺层会导致"组织算法"上的粗糙和低效，使难以同频及一拍两散的现象更加严重。

怎么办？我们可以想到的解决方案是：创始人兼 CEO 必须下探 1～2 个层次，掌握二级问题视角及方法论（COO 层次），并对三级问题视角及方法论（CHO 层次）有所理解。HRVP 必须上探 1～2 个层次，掌握三级问题视角及方法论（CHO 层次），并对二级问题视角及方法论（COO 层次）有充分理解。很多 HRVP 结构性地忽略了二级问题视角及方法论，试图以四级、五级方法论解决二级问题。与此同时，也要对其他业务高管进行培训，他们也需要理解二级问题视角及方法论（COO 层次）。

理解了有什么用？理解了不一定会做对，但会减少因无知无畏而犯的错误，以及互相甩锅。这样，创始人兼 CEO 下探，HRVP 上探，其他业务高管伸手相助，大家共同实现首席组织官功能的概率就大大提高了。

还有另外一个关键问题：除了错层、缺层外，同一层次的问题视角及方法论中，会不会也容易产生很多矛盾？是的，这也是非常可能的。

举个例子，有人会说，在第一层次的方法论中，你的"企业 = f（产品/服务，使命/愿景，技术，组织，资本，X）"太复杂了，我的"企业 = f（产品/服务，人才，资本，X）"更好更简单。我不需要你说的"组织""技术""使命/愿景"。

他这么想，有可能是受公司发展阶段的影响。比如，如果公司处于明确业务模式的初创阶段，那么他很容易将"组织"这个要素简化为"人才"。但是，他迟早会意识到，他需要的是"组织"，"人才"只是"组织"的一部分。

他还有可能是受以前的组织经验的影响。比如，如果他一直在一个投行工作，他肯定会非常理解"人才"的重要性，而对于"组织"对一个大型企业的重要性，他可能没有直观的理解。或者，他以前在一个偏资源型的房地产公司工作，他可能就会对"技术"对于企业成功的重要性没有深刻认识。或者，他的主要组织经验是在经济企业。如果他曾在非营利组织或社会企业工作过，他就会更容易理解"使命/愿景"对于一个企业/机构的重要性。如此等等。

总结一下，无论是方法论缺层、错层，还是同一层次方法论的互不兼容，都会导致很多组织上的矛盾及低效。实际上，这种现象在任何事情上都可能发生，只是在"组织"这种相对最没有明确的"对错"之分的事情上，更容易发生。在遇到这种事情的时候，建议当事人着重厘清及反省彼此在方法论层面的不同及能力缺失，而不是一味地向"政治"及"态度"归因。

最后，我们顺便还可以讨论另一个问题：是不是必须先成为HRVP才能成为CHO及首席组织官？我认为不一定。有志成为首席组织官的HRD，也可以去做一个独立的小公司的HR负责人。在这种岗位上的历练会更快地帮助你获得三级及二级问题视角，并倒逼你学习三级及二级方法论。当然，绝对不能忽视HRVP层面的能力训练。不然即使有了CHO、首席组织官视角，也不容易实现其所应有的作用。

对于处于创业阶段的创始人兼CEO来说，这一点意味着在寻找组织方面的伙伴时，不必老想着从大公司寻找那种"资深人员"。尽管"资深人员"在经验上更接近CHO以及首席组织官，但他们在问题视角及方法论上不一定能更快跨越四级HRVP视角。另外，也可以考虑将建立组织方面的职责交给非HR人员。如果HR人员不能有二级、三级问题视角，让在业务领域体现出了二级、三级问题视角的业务高管转做组织工作也是个不错的选择。在问题视角及方法论上达不到二级、三级的HR，在四级、五级层面做得非常专业也只会事倍功半。

本节作者为房晟陶、左谦

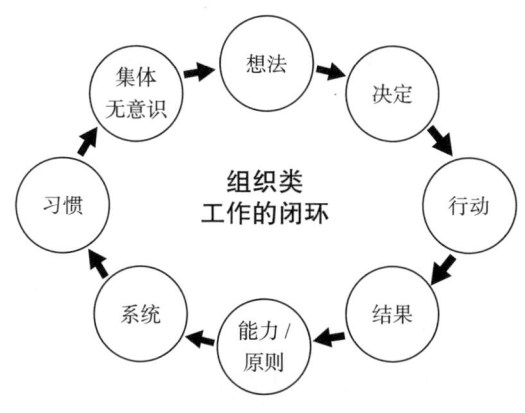

组织类工作的闭环

组织类工作的闭环长什么样？我来极简地说明一下：从想法，到决定，到行动，到结果，到能力/原则，到系统，到习惯，到集体无意识，再到新想法，这就是组织类工作最全面的闭环。图 4-2 展示了这个闭环，这个闭环要比 PDCA（plan-do-check-act）更接近组织类工作的本质。

图 4-2 组织类工作的闭环

组织类的工作，如果只做到结果的程度，那就有半途而废、短期行为之嫌。对于组织类工作来说，狭义的"结果导向"绝对不是什么优秀的价值观。甚至可以说，狭义的"结果导向"就是组织类工作的劲敌。组织类工作的成功标尺要包括"系统"和"习惯"。

对于文化管理类议题，当大家不在同一个闭环上谈问题的时候，很难进行真正的交流。

举个例子来说明。对使命、愿景、价值观这件事情，不同的人就会有非常不同的看法。有些人（第一种）会说使命、愿景、价值观对于一个公司是最重要的，是一个公司基业长青的关键；但有些人（第二种）会说使命、愿景、价值观有价值，但它们主要是实现战略的工具；而另外一些人（第三种）却说，使命、愿景、价值观太虚，根本就不重要。

观点不同经常是因为这三种人对于使命、愿景、价值观这个工作的"成功标尺"有非常不同的理解。第一种人在说使命、愿景、价值观的时候，心里想的已经到了习惯、集体无意识层面，其内在的成功标尺是企业长期的生命力。第二种人在说使命、愿景、价值观的时候，一般想到了能力/原则、系统层面，其内在的成功标尺是企业中期的竞争力。第三种人在说使命、愿景、价值观的时候只想到了结果层面，而且一般是曾经行动过但结果不怎么样或者很反复，所以比较反感使命、愿景、价值观的"太虚"，其内在的成功标尺是短期的业务结果。

在这种争论中，第三种人一般情绪激昂、嗓门很大、表现力丰富，从表面上看，很容易赢得争论。但第一种人和第二种人知道，如果第三种人对于使命、愿景、价值观这个工作只是理解到了结果层面，再争论下去不仅没什么意义，还可能伤了和气，而且，说什么不对是容易的，说什么对以及如何做对是难的。第一、第二种人作为实践者，虽然能做到更深的层面，但是对于上升到方法论去强有力地说服第三种人，他们既没有这样的精力也没有这样的愿望。于是，还不如不争论，战略性放弃为好。

而且，回过头来看，第三种观点也没错多少。第三种观点实际上说的是：书面的使命、愿景、价值观一点儿都不重要；不能有助于企业成功的使命、愿景、价值观一点儿用都没有。这种观点我们当然不能反对。另外，如果这个企业处于创业早期，还在使命与活命之间挣扎，或者业务模式处于风雨飘摇之中，有这种理解也可以理解。

当一个组织的核心领导者对组织类工作的闭环没有深入理解的时候，他就很容易设置低效的策略，给出急功近利的工作指令。下面举一个比使命、愿景、价值观小一点儿的例子。

春节期间，几个长期客户在觥筹交错之间向某公司老板齐声抱怨其公司的产品及服务品质下降。老板大感震惊且没面子（想法的来源）。春节过后的 2 月底，老板痛定思痛，决定升级迭代一下公司的价值观（从想法到决定）。升级迭代的重点是将"客户至上"定为本公司的核心价值观。在做出这个决定之后，接下来要做的是：细化客户至上的行为条目（比如要多进行客户拜访、及时回应客户投诉的问题）；然后进行两周的宣传贯彻，从 4 月开始进行月度价值观考核（从决定到行动）。

于是，在 4～6 月这个季度里，客户拜访量大大增加，回应客户投诉问题的速度也大大提升了。从 7 月的统计数据来看，客户满意度确实有大幅改善和提升（从行动到结果）。

然而，到第二年年初的时候，情况又恢复到原来的状态了。

为什么呢？因为员工太"客户至上"了，原来销售人员惯用的"宰客"手段用得少了，结果造成销售业绩下降。老板在 10 月初国庆节假期之后回顾第三季度业绩的时候发现了这个苗头。这可是大事！于是，老板迅速调整，以"追求卓越"的价值观覆盖"客户至上"。追求卓越的核心标准大家都迅速领悟了，就是销售额。第四季度，大家奋力拼搏，终于在 12 月 31 日这一天达成了年度目标。用的方式当然还是原来那一套，只不过更狠了一点儿。

1 月的总结表彰会上，群情激奋。酒过三巡之后，大家感慨于这一年的跌宕起伏，抱头痛哭。见此情景，老板临时决定，春节期间多放 3 天假。

春节期间大量老客户又向这位老板抱怨。春节后，2 月底，这位老板想出了新一年的价值观迭代条目：服务精神。就这样，一个价值观升级工作在一年内完成了一个闭环：从想法，到决定，到行动，到结果，再到新想法。从 PDCA 的角度，这位老板做的好像也没错。但这恰恰说明，做重要的组织类工作，用简单的 PDCA 的逻辑是不适合的。

如果这位老板不能反思自己的思维模式，超越短期的"结果"，进入更深的环节，这个公司的"文化管理"工作就会在这个怪圈中不断往复循环。当然，不排除在短期内这个公司仍然会很挣钱。

如果想要突破，解决的方法就是深入到能力/原则（比如，如何让员工具备非"宰客"式的销售能力等），到系统（比如，如何以产品力降低对销售的依赖，如何以信息化的工具赋能销售人员，改变销售激励的方式等），最后直到习惯（改变了对客户价值的定义和理解，改变了公司与客户之间的互动关系等）。

这种学习对于核心领导者的自我突破能力提出了很高的要求。不过，如果能够做到，其回报也是非常高的：个人从创业者到企业家；企业从团伙到组织。怎样才能获得对组织类工作这个闭环的深入理解呢？根本的途径就是去做一些有质量的组织类工作，在做中学，边做边反思，边做边与团队共创。

对组织类工作闭环的理解和感悟是个循序渐进的过程。在基层的时候，一般只能参与到行动层面；中层会实践到结果/行动层面，并开始对能力/原则、系统有所感悟；在中高层的时候，对系统应该有了深入的理解，在实践上应该已经到了能力/原则层面；高层人员一般都会实践到系统层面，理解到习惯层面；而对于一把手和核心领导者，如果能实践到习惯层面，领会到集体无意识层面，他们本身就是公司的核心竞争力了。

当然，对组织类工作这个闭环的理解不能只依赖直接经验。向其他人及其他组织（包括优秀企业的案例、人物传记、历史、有经验的顾问等）的间接经验去学习也非常重要。有些人在很年轻的时候通过知识性学习及观察就已经理解了组织类工作的这个闭环，在以后进入实际工作场景的时候，如果有好的工作机会和指导人，会迅速地深入理解这个闭环。

有些人会说，能做到能力/原则、系统层面，已经比较优秀了，为什么非要做到习惯和集体无意识层面？这是因为，习惯加上集体无意识，才是文化的根基。没有一个深厚的根基，表面的东西很容易退化。对于重要的组织类工作，企业的核心领导者要不断提高建立系统、塑造习惯，甚至是察觉及改变集体无意识的能力。只有这样，他们才能塑造一个生生不息的文化和组织。

不过，确实不是每一项组织类工作都要做到习惯及集体无意识层面。要将哪些价值观固化为习惯及集体无意识，这是个事关公司长期命运的战略选择。如果外部环境变化得很快，或者企业处于创业初期，能做到能力/原则层面会是长期与短期的更好平衡。

比如，在内外变数都很大的情况下，有些公司将"拥抱变化"落实到能力/原则层面。这本身是个聪明的做法，不过，即使像"拥抱变化"这种能力/原则，如果选择将其固化成习惯和集体无意识，也会是双刃剑。比如，当外界环境需要公司提供持续稳定的、大规模的、低缺陷率的产品和服务时，一种特别喜欢"拥抱变化"的文化也很容易抵制任何标准化、系统化、严密的事前推演，这容易导致不必要的混乱，将大量精力浪费在标新立异上等。在这种情况下，公司也得在下一个闭环中去对这个"拥抱变化"的习惯和集体无意识做出修订。

讲到这里，读者应该可以体会到，"文化管理"这个工作绝对不是人力资源部门的工作，这是每个核心领导团队的责任和挑战。另外，这还是个集体挑战，单个领导对这个闭环有了深入的理解还不够。没有集体理解，领导团队就很难进行高效、愉快的文化问题讨论，这不仅会大大影响领导团队关系的质量，员工也会跟着受罪。

本节作者为房晟陶

组织发展中一个常见的"恶性循环",你的公司有吗

公司比较小的时候,领导者有个目标管理逻辑就可以应付日常管理工作了。这个目标管理逻辑可以用这几个模块描述出来:①目标—部门目标(把大目标分成小目标,分给几个人);②岗位招聘(根据要做的事找做过这种事的人);③目标考核、薪酬、奖金、晋升/辞退(干得好的人要及时奖励,干得不好的人及时辞退);④业务会议(有什么事开会商议解决)。

随着公司逐渐变大变复杂,简单的目标管理逻辑已经不够,管理水平被倒逼着提高,一个"任务协同类系统"会逐渐进化出来。这个"任务协同类系统"的基本组成环节是:①目标/战略—关键任务/流程—KPI;②组织结构、关键岗位/角色设置、决策权限;③岗位及职能招聘;④基于目标及过程KPI的绩效考核,以及基于岗位及职能的技能培训(比如销售技能的培训);⑤基于考核结果的薪酬、奖金、晋升/辞退、长期激励;⑥业务及管理会议机制,以及业务信息系统。总体来说,这个任务协同类系统的核心环节以及基本假设是"绩效考核"。

这个任务协同类系统,比起之前的目标管理逻辑已经丰富了很多。这种管理方式已经能够处理相当复杂的任务。对比前面讲到的目标管理逻辑,这个任务协同类系统有几个关键的进化:第一是从目标到战略、核心业务流程及KPI(含目标及过程KPI)的进化;第二是从简单的基于人的部门及职责划分进化为基于业务流程/关键任务的结构、岗位、角色及决策权限设置;第三是从岗位招聘向岗位招聘兼顾职能招聘进化;第四是从纯粹的目标考核进化到目标及过程KPI并重,并能够提供基于岗位及职能

的技能培训；第五是不仅有业务会议，还有管理会议，甚至能建立业务信息系统。

这些进化说起来很简单，做起来也得磕磕绊绊地走几年。

不过，随着公司的复杂性进一步提高，领导者一般会感觉到这个任务协同类系统的局限性越来越明显。最典型的问题是，人才越来越捉襟见肘、变革目标越来越难以实现，而且领导者会发现，这些问题并不能随着任务协同类系统内各个模块的进一步完善而得以解决，那些改善动作的边际效用会越来越低。这是为什么呢？这就是因为它本身就是个任务协同类系统，而不是个人才选育用留系统。

在这个任务协同类系统里面（本节第二段谈到的 6 个环节），与"人"直接相关的有这样几个环节：岗位及职能招聘；基于目标及过程 KPI 的绩效考核，以及基于岗位及职能的技能培训（比如销售技能的培训）；基于考核结果的薪酬、奖金、晋升/辞退、长期激励。以任务协同类系统为基本管理逻辑的公司，其人力资源部及人力资源人员的绝大部分精力也是用在做这些事情上（更准确地说，是在帮助业务部门做这些事情）。其中的一些环节甚至就放在业务部门里，比如销售技能的培训一般就放在销售部门里面。这样的人力资源部，说它是"业务支持部门"是非常适合的。在这个阶段，公司对人力资源人员的重要要求是"懂业务"。

但问题是，这几个与"人"相关的环节结合起来，尽管从"做事"的角度是逻辑合理的，却并不能达成人才选育用留系统的功能及目标。人才选育用留系统的功能及目标可以这样来描述：找到、吸引、培育、保留适合企业发展阶段的人才；高效转化及融入；将人才配置到合适的岗位（合适的人做合适的事）；有竞争力的中、高层人才源源不断地产生；不适合的人适时离开。

在这些功能及目标中，"有竞争力的中、高层人才源源不断地产生"

这个具体项，在任务协同类系统的逻辑之下，是尤其难以实现的。但是，一个想做大、做强、做长的公司，没有这样的功能行吗？显然是不行的。"有竞争力的中、高层人才源源不断地产生"这个功能，对于任何一个想做大、做强、做长的公司来说，都是刚需。没有源源不断产生的中、高层人才，即使目标、战略清晰合理，即使变革意图达成高度共识，最终也难以落地。

不仅如此，这几个环节结合起来，就是部门墙、职能视角、中高层人员难以横向调动等组织现象的根本原因。这些现象将进一步导致客户/外部视角的衰退、高层内斗、战略无法协同（在规模更大之后）、难以形成文化等。于是，企业想做大、做强、做长的理想就受阻了。

大量企业在发展中都会遭遇到这个组织挑战。

为什么会有这样的问题呢？这是因为，这个任务协同类系统里存在着一个阻碍"人才选育用留系统"功能实现的"恶性循环"，或者说是"恶性增强回路"：中长期人才没有短期人才容易"成活"和发展；森林型人才没有树木型人才容易"成活"和发展。

具体举个例子：要完成公司的目标，招到好的销售人员是很重要的。那要招什么样的销售人员呢？招一个有很好系统思考能力的、有跨职能潜力的毕业生，还是招一个有五年销售经验但系统思考能力一般的人？这两种人谁能在短期内更出销售业绩？在绝大部分情况下是那个有五年销售经验的人。于是这个人就更容易被晋升为销售经理。然后，你觉得这个销售经理更喜欢用有经验的人，还是用有潜力但没经验的人？在绝大部分情况下，这个销售经理会更喜欢用有经验（且和自己的背景相似）的人。如果都招有经验的人，大家比什么？比谁更能迅速出业绩。于是，"成功的招聘"逐渐被定义为这个人能否在 3 个月甚至 1 个月内出成绩。"培训"的重点也逐渐放在了如何让这些有经验的人快速了解公司的产品及话术。绩效管理工作的重点也放在了目标考核而不是绩效辅导。公司的文化氛围逐渐被萃取为目标导向（实际是短期目标导向）。久而久之，这个公司就会形成这样的相互紧密咬合的系统：中长期人才没有短期人才容易"成活"和发展，森林型人才没有树木型人才容易"成活"和发展；而且，公司中的中长期人才以及森林型人才也会逐渐被排挤而离开。

形成这个"恶性增强回路"的原因是多方面的。有些人会把其归咎于领导者缺乏长远思考或者缺乏价值观。实际情况会比这样的归咎更复杂一些。

很多时候，这个恶性循环的形成是因为"短期人才""树木型人才"曾经是公司度过生死存亡期或者打天下时期的"功臣"。换句话说，这个任务协同类系统的基本思维模式曾经是公司的成功路径。现状是历史形成的，而历史是不能假设的，也是不能说割断就割断的。

另外，这个任务协同类系统的逻辑非常容易理解和达成共识。如果想既完成任务，又发展人才，复杂性一下子就提高了。这个"做事"的简单逻辑能够在公司大部分成员中取得合法性。哪些小部分成员会比较难受呢？所有的后台职能部门（人力、财务、IT、运营等）一般都会很难受，因为他们的工作在任务协同类系统的逻辑下都很难有效开展。

此外，还有另外一个障碍：这件事情，即使个别高管有意愿去改变，也会很快发现个人的力量非常小，那种"集体无力感"很强。更有甚者，这里面还有点儿"囚徒困境"的味道，越花精力去做这种事情的人，在组织内越有可能被干掉。于是，"集体无责任"也逐渐成为风气。

如何才能打破这个"恶性增强回路"？如何才能既满足"短期业务发展"的要求，又实现"中长期人才及组织发展"的要求？

核心领导者以及核心领导团队的进化更新可以说是唯一的路径。如果核心领导者及核心领导团队不能为组织输入新的动能，这个升级迭代就难以自动发生。公司发展到这个阶段，这个由现有核心领导者及核心领导团队创造出来的任务协同类系统已经是个"复杂的社会系统"，有了自己的强大意志和自生长能力，一般的努力不能轻易改变它。

那什么是"一般"的努力呢？

第一方面是战略的努力。"短期人才"容易成功的背后多多少少都有领导者追求短期目标的原因。能否通过战略上的、节奏上的调整给组织升级迭代提供一定的时间和空间？以发展来促改革，在增量中率先改革（而不是停下来搞改革）。这非常考验核心领导者的战略能力（节奏感、平衡感）。

第二方面是价值观层面的努力。从价值观角度，"短期人才"比"中长期人才"更容易成功这个"恶性增强回路"，再往深里挖，其背后的逻辑是什么呢？就是"用人"远远高于"发展人"，"把人当作工具"远远压倒了"把人当作目的"。我们不能站在道德高地上评判说，"把人当作目的/发展人"是好的，"把人当作工具/用人"是不那么好的。如果那么评判，那就是站着说话不腰疼。两者之间是互动的关系，没有强大的用人逻辑，人也不会被发展出来。我们要强调的是，到了这个发展阶段，公司已经可以更多地"发展人"，而不仅是"用人"了，而且"发展人"与"用人"之间的平衡，对公司的未来发展是必需的，此外，"发展人"与公司的未来发展是相互促进的（不是牺牲了业务发展来发展人，发展人也是可以促进业务发展的）。

第三方面是能力上的努力。要想对任务协同类系统进行升级迭代，需要核心领导者迅速提高管理复杂事情的能力。在还没有到超大规模之前，组织这件事情需要总设计师和总导演。核心领导者在这件事情上责无旁贷。想通过授权他人去解决，或者希望以无为而治的方式去解决，在这个阶段是不合时宜的，甚至是痴心妄想。

当然，有些人会说，如果一个公司从一开始就是"使命、愿景、价值观"驱动的，领导者善于"站在月球看地球"，则可能从一开始就在任务协同类系统中规避了这个"恶性增强回路"。这当然是最理想的。不过这种最理想的情况，只发生在极个别幸运的企业家身上。对于绝大部分企业领导者来说，都是先挖坑再填坑，也就是先制造了这个问题，再去解决这个问题。

具体有什么办法可以实现从"以任务协同类系统为核心"到可以兼顾"任务协同类系统"及"人才选育用留系统"的组织转型升级呢？用我们四类组织系统的框架来思考（任务协同类系统、人才及知识类系统、激励及文化类系统、战略及变革类系统，更多详情请参见第2章）。

第一个方面就是在"任务协同类系统"与"人才选育用留系统"的交集处用力。

- 任务协同类系统中会有战略协同及绩效管理子系统。如果能在做绩效考核的同时增加"绩效+潜力评估"，这将是一个一箭双雕的事情。
- 与此相关，"员工工作计划子系统"要升级为"员工工作及发展计划子系统"。
- "人员调配子系统""高管的晋升及任用子系统"是"任务协同类系统"里的一个关键环节，将人员调配与人员发展结合得更紧密，是兼顾"任务协同"及"人才选育用留"的关键场景。当然，在人员调配之前，要有高质量的人才盘点。
- 更新"人员标准"或者更新"领导力定义"：这两个子系统至少是"任务协同类系统"和"人才选育用留系统"的交集，甚至可以是任务协同、人才选育用留、激励及文化这三个系统的交集。

- 战略性高管的招聘及融入子系统：这是任务协同、人才选育用留、激励及文化、战略及变革这四个系统的交集。这个动作是高杠杆的动作，但是成功率不高，操作难度很大。

第二个方面就是要在"人才选育用留系统"本身用力。

- 基于更新的人员标准的招聘（除了任务协同类系统的要求，还加上了人才选育用留系统的要求），至少一部分人以"为公司招聘"及"为职能招聘"为主，不只是为岗位招聘。
- 基于新人员标准的培训（除了基于岗位及职能的技能培训）。

第三个方面重点是在"战略及变革类系统"上用力。

- 在"组织及变革管理系统"上用力，包括建立一个能够超越"任务协同类系统"的"用人"逻辑，更能够以"发展人"的逻辑去理解及管理组织的人力资源队伍。这个队伍对这个转型升级至关重要。不然，组织的转型升级就没有组织保障了。当然，中高层人员的组织管理理念及能力也是组织及变革管理系统的重要部分，不可以忽视（也就是，不能只着重于人力资源队伍的建设）。
- 核心领导者的学习成长。如果核心领导者没有成长，一个强大的战略生成及领导者进化系统（含人力资源队伍）难以起步和"成活"。
- 核心领导团队的团队学习。只有核心领导者的学习是不够的。组织转型升级这种事，没有核心领导者的组织转型升级计划，核心领导团队的成员一般无法把这个事情做成，但他们一般有能力让核心领导者做不成。所以，团队共同学习进化是必要的。

不过，在结束本节之前还得提醒一下：以上的建议背后的基本假设是"人才选育用留系统"是公司组织竞争力的关键。有些人会问：难道会有公司不是这样吗？应该说，"人才选育用留系统"确实是每个想做大、做强、做长的公司的刚需，不过，对于那些想把专业技术当作核心竞争力的公司来说，其核心的组织系统除了"人才选育用留系统"，还要有"知识进步及技术创新系统"。要想实现"知识进步及技术创新系统"的功能和目标，仅有"把人当作目的/发展人"还不够，还要有点儿"把知识当作目的/为了知识而知识"的价值观。换句话说，有"人才"不一定就会有"知识进步及技术创新系统"。限于篇幅，本节不对这个问题做深入探讨。

本节作者为房晟陶

战略需要组织保障，组织工作靠什么保障

过去几年，市场环境发生了巨大的变化。企业用规模增长掩盖各种组织问题的发展方式，已经成为"过去时"。

一些企业被残酷的现实教育后，更加深刻地理解了**"战略实现需要组织保障"**，更加深刻地意识到，**如果没有组织支撑，再好的业务战略都是空中楼阁**。"组织策略""组织能力""组织举措"也逐渐成为很多企业高管团队谈"战略"的伴生词。

企业高管团队"重视组织"的意识进步，我们应该为之鼓掌，但是，掌声还不能太响，因为这只走完了 10 步，还有剩下的 90 步。又一个关键的问题浮出水面：战略需要组织保障，组织工作靠什么保障？

具体来说，就是要回答：

- 谁来长期负责某项组织能力的打造？
- 当前，谁来具体领导某项组织能力相关的阶段性工作？
- 建立什么样的组织结构（临时或长期）来负责某项组织能力的打造？
- 业务中高层需要重点培养哪些能力和意识以支撑这项组织能力？
- 如何鼓励和奖励业务中高层在组织方面的投入？
- 是否要建立机制（比如组织委员会和项目化推进组织建设），来确保业务中高层的持续参与？
- 人力资源职能的定位及结构如何？
- ……

下面我们就来简单谈谈几项可能有效的整合举措。

设立组织委员会，用"正式组织"使得组织工作有人负责

"组织委员会"这个说法并不新鲜，它是高管团队下设的一个专业委员会。高管团队还可以有其他专业委员会作为重要的决策机制（类似于董事会的若干专业委员会），比如战略委员会、投资委员会等。

有一些企业已经设置了组织委员会，但在现实中，**很多组织委员会常常行人才管理之实，避组织管理之重。**当然，也有些企业的委员会直接命名为"组织及人才管理委员会"，别看"组织"放在了"人才"之前，但实际上也是换汤不换药，依然有"挂羊头，卖狗肉"之嫌。

我们说的组织委员会，**其定位是承担"首席组织官"功能，是"组织"这个产品的"产品经理"，要将组织问题转化为组织议题，要牵头解决中短期组织问题，塑造中长期组织能力。**

运作有效的组织委员会，一般由 3～5 个成员组成，除了创始人/CEO，一般还有公司核心领导团队中的几个人，也可以有外部顾问人员。**其关键任务在于：组织策略制定及迭代、关键组织项目立项、协调资源、管理变革。**通过这些动作，实现策略性立项而不是激情立项，把握整体性而不仅是局部优化。

所有公司级组织类项目要想落地，一定要有明确的项目经理，**组织委员会是组织类项目的发起人（Sponsor），而项目经理是项目化推进组织建设的操盘人。**项目经理带领组织项目工作小组，项目组一般都是由跨职能人员组成的（不只是人力资源的人员）。项目经理一般都应是公司高管（可以是组织委员会成员，也可以不是）。需要特别注意的是，此项目经理责任不能下放，比如从 CXO 下放给一个专业总监。

组织类工作的项目经理的能力要求如下：是有变革艺术的系统构建者；在公司内有一定威信；有全局视角；善于提出文字化的草案；善于收集、

协调不同相关方的意见；善于利用内外部专业资源；乐于沟通和赋能（因为领导组织类项目所需的心态是"70%的专业设计+30%的调试+900%的沟通和赋能"）。

可能有人会问，对组织委员会和组织类工作项目经理，有没有什么专业要求。

下面我们就来谈谈第二项整合举措。

对领导团队进行人才、组织、文化、变革的方法论赋能

对人才、组织、文化、变革等相关议题，领导团队成员每个人都有自己的思维模式。 这些思维模式大部分是无意识的，反映了个体经验及偏见。这些思维模式的存在都是合理的，但思考水平不一定有竞争力。

而且，**对人才、组织、文化、变革等相关议题，大多数高管都自认为专业，从而难以尊重专业。** 这就加大了组织类工作的挑战。我们观察到，一个高管，他不一定对某项组织工作有正向的贡献，但由于他"自认为专业"的评论和干涉，反而会让某项别人领导的组织工作干不成。

这个问题怎么解决？似乎没有终南捷径，只有笨功夫，就是对领导团队进行人才、组织、文化、变革管理的赋能，在领导团队中统一语言，确保大家看待人才、组织、文化、变革等问题的系统性；帮助大家对这些问题形成共同的理解，把问题转化为议题，减少争吵、伤害、政治，形成共同的、有承诺的改进行动；**避免领导团队成员都在追求自己的"最优解"，整个组织反而没有"及格解"。**

当然，这对企业一号位在"组织思想权"方面提出了不低的要求，也对组织委员会在相关方法论的鉴别力方面提出了较高的要求。

停留在"苦口婆心"的赋能层面上，还是远远不够的。还得有第三项整合举措。

将组织发展体现于战略评价和高管绩效评价

战略评价和绩效评价是很好的"指挥棒",你重视什么,就要评价什么,组织和个人才会去做什么。**要将"组织发展"体现在战略评价和高管绩效评价中,不要去试探和考验高管的"个人觉悟"。**

对公司层面和业务单元的战略评价,除了看财务收益、客户满意度和运营效能指标之外,还要看组织健康、学习成长等维度,还要看关键组织项目的推进程度。

对高层人员个人的绩效评价,除了看业务目标、职能指标的达成之外,还要看他在组织发展方面做出的贡献,包括:

- 人才培养和梯队搭建。
- 固化、优化、简化关键业务流程与机制。
- 沉淀经验,贡献知识。
- 引入管理工具、模型、共同语言,提升组织有效性。

……

这方面,华为的实践就值得学习。任正非 2018 年在华为干部管理研讨会上说,每个工种都要对准"多产粮食"和"增加土地肥力"。"增加土地肥力"指的就是"组织发展类工作"。华为的绩效管理工具 PBC(个人绩效承诺)中结构性地嵌入了组织贡献相关的维度。

此外,对组织类工作如何评价,也是个关键问题,因为往往这类工作不容易用数字衡量。**这就需要高管团队在绩效评价理念方面往前走出重要的一步,接受述职评议或一号位的主观判断。**当然,这方面也不是完全凭"手感"和"眼光",也是可能被适当地"科学评价"的。比如,程度打分法就是颇有智慧的一种评价刻度:

- （0分）什么也没做，还很善于寻找各种借口拖延、甩锅。
- （20分）做了些事情，有一点儿进展，但没付诸沟通、实施；或小部分付诸实施，但没什么效果甚至有负效果。
- （40分）小部分付诸沟通、实施，局部有改进，但整体没有效果。
- （60分）及格。大部分付诸实施，但整体没什么效果（比如几项措施之间不够整合，甚至相互打架）。
- （80分）良好。大部分付诸实施，整体效果良好，有一定数据支持（比如在员工敬业度中体现）。
- （100分）优秀。创造性实施且不断迭代，效果有明确的主观反馈和数据支持，有望成为公司的竞争优势。

明确人力资源的职能定位和关键职责

前面三个举措，都是对高管团队提要求，但人力资源不能躲在角落里。对人才、组织、文化、变革等问题，**人力资源不能成为"背锅侠"，但也不能"甩锅"。**

不同企业的情况不同，人力资源的职能定位和关键职责有所不同。各个企业的人力资源在员工体验和服务、人才选育用留方面有较多的共同之处，在组织、文化、变革等其他领域就差异很大了。

人力资源这个职能不是个标准件，没有标准的使命和定位，尤其对于成长期的公司来说：

- 每个一号位、每个高管团队对人力资源职能的想象都不一样（有些一号位实际上希望HR是秘书，有些一号位实际上希望HR是"东厂"）。
- 每个HR一号位（不管是从业多年的HR，还是从业务转过来做HR的）对于HR该干什么、与CEO/总经理应该建立怎样的关系的想象也不一样。
- 每个 HR 一号位擅长的领域也不一样（有些擅长人才选育用留系统，有些擅长组织结构及决策系统，有些擅长激励及全面回报系统，有些擅长文化管理系统，有些擅长战略协同及绩效管理系统），自己擅长的领域往往更容易成为所辖 HR 团队的主要贡献领域。

相对来说，财务、销售等职能应该干什么、怎么衡量有相对通用的标准。这是个关键挑战，也是人力资源从业者必须面对的现实。

其实，人力资源职能的使命、定位是做出来的，而不是别人给的；不要等待别人给你定位，而是要以价值创造为导向，主动地给自己定位。这方面，我们也没有唯一正确的标准答案。这个答案，要留给各个企业的 CHO/HRVP/HRD，去和 CEO 及业务高管共谋共定义。

本节也呈现一下一个公司在规模化成长阶段人力资源职能的定位，供读者参考。

使命：我们管理组织的能力及气质以帮助公司夺取一个个阶段性的胜利。

职能工作的对象：人才、组织、文化。

职能涉及的主要工作系统：

  战略部署、战略沟通、战略绩效管理；

  组织评估、设计及变革管理；

  企业文化、员工关系、员工沟通、工作与生活的平衡；

  人员吸引、甄选、配置；

  人员能力评估、任用及领导力发展、长期回报；

  绩效考核、薪酬、福利、人员成本。

职能主要衡量指标：

  劳动生产率；员工敬业度；遗憾离职率；关键岗位到位率；绿化率。

写在最后

战略需要组织保障，组织工作靠什么保障？我希望前文所述的四项整合举措，能够对读者有所启发。此外，我还想表达两点：

- 很多人觉得一个企业要做好组织工作，需要创始人、高管团队、HR一号位有很高的"天赋"，但我并不这么认为。其实，在组织管理方面，比天赋更重要的是投入时间。成立组织委员会需要时间，高管们领导组织建设项目需要时间，给高层团队进行人才、组织、文化、变革管理赋能需要时间。
- 我们不要高估一年组织工作的效果，不要低估三年组织工作的影响，不要轻视五年组织工作的价值。很多时候，你感觉"天赋"不够，是因为你投入刻意训练的时间还不够，还没到收获的时候。

如何面对需要长期投入时间的工作？"困难一定是有的，但往往困难的事，才值得去做。"——这句话我找不到明确出处，但可用来共勉。

本节作者为左谦

建组织不能"干大事而惜身，见小利而忘命"

《三国演义》里，曹操和刘备煮酒论英雄时，曹操对袁绍的评价是："袁绍色厉胆薄，好谋无断，干大事而惜身，见小利而忘命，非英雄也。"

建组织这件事，是个典型的"长期小事型大事"。对于这种类型的大事，"干大事而惜身，见小利而忘命"的现象经常出现。用这两句话来评价一些创始人兼CEO及高层领导者对"建组织"的实际态度非常贴切。

在建组织这件事上，哪些行为是"干大事而惜身"的体现呢？

- 羡慕别人有组织，但不愿意干别人建立组织所干的那些"脏活累活"。对于简单重复性的事情不愿意一遍又一遍认真干。组织上的很多事情，纪律大于技术，比如面试的纪律、与员工一对一地交流等。没有纪律和自律，哪来组织？
- 老想着去学别人已经验证、最好拿来能一招制敌的东西，不愿意根据行业特征、个人特质、发展阶段等去创作自己的组织。
- 不培养自己的"被领导力"及"被管理力"。找了很多牛人、新高管，但自己不愿意被领导、被管理，非得自投、自编、自导、自演。这样的话，到最后只能留下一帮跟班，形成不了真正的领导团队。
- 已经在那种"大事型大事"方面验证了自己，对"长期小事型大事"不屑一顾；想把做企业简化为"做业绩＋带人"，而不是"发展业务＋发展组织"；经常怀念过去那种"大秤分金银，大碗吃酒肉"的感觉：要是能一直快乐地跟一帮兄弟做业绩该多好啊？可是，做业绩只是发展业务的一部分，带人也只是发展组织的一部分。只做业绩不建系统，只带人不发展组织，最后只能剩下个生意和团伙。
- 不愿意投资于"关系"。公司大了，与不同的人员（而且别人也都是牛人）建立建设性的工作关系是个耗时耗心的事情。有这时间，宁愿去做业绩。协商、讨论、对话、流程、机制、系统等这些建立组织的必需品难以得到真正的重视。
- 对那些"虚"的事情嗤之以鼻，比如使命愿景价值观、能力标准、经营管理原则等。从道德上抨击之，从 KPI 上挤压之，最后导致组织上的腐败与污染。

如此种种，都是"干大事而惜身"的体现。

哪些是"见小利而忘命"的体现呢？

- 对建组织这件事缺乏定力和韧性，长期稳定地停留在"新年决心"的水准。元旦下决心建组织，刚过完年还没到春暖花开，看见点儿短期业务机会或遇到点儿业绩压力，就已经把建组织这件事抛到九霄云外了。
- 熟人介绍来自大牌公司的"人才"，也不管适不适合，不做面试甄选，直接就用。猎头费是省了，殊不知"请神容易送神难"。
- 幻想着花个百八十万年薪挖个名企人力资源总监就能把这件事情搞定。实际上，在大部分情况下，挖来的人只能做个"背锅侠"。

如此种种，都是"见小利而忘命"的体现。

"干大事而惜身，见小利而忘命"在本质上就是企业家精神衰退的体现。从时间分配上看，建组织这种事就是 1% 的战略，5% 的专业，剩下的全是简单重复性工作。但要想把这些简单重复性的工作做好，需要的是极强的创业精神。能否做好建组织这种"长期小事型大事"，是对企业家"成色"的最好检验。

不过，我不是在力劝每个公司都花费大量精力去建立真正的组织。这不是法律和道德上的责任与义务。如果因为志向不够，或者自知力有不逮，决定不蹚这趟浑水，那所有人都应该充分理解及支持，不应去评判。不过，如果你做了这样的决定，那就别抱怨、别"甩锅"，也别吃不着葡萄就说葡萄酸地去评价那些能够建立组织的企业家。

但如果你有千亿之志，建组织是规避不了的事情。百亿之志，在此前的资本市场环境下，有个好的团队就能凑合一阵子了。如果只是十亿之志，有个好的团伙就足够了。如果还处在一亿的阶段，你得先验证你能做好孤胆英雄，少谈组织。有人会问：你说的千亿、百亿、十亿、一亿指的是市值、营业额还是利润？我指的是在正常资本市场下的市值。

不过，在当前的市场环境下，粗放型的发展空间会越来越小，"组织的水位"会越来越高。原来在百亿之志时都不去建组织不仅算不上"干大事而惜身，见小利而忘命"，反而是识时务的俊杰，但现在，你最好从十亿之志时就开始重视组织。

本节作者为房晟陶

第 5 章
· CHAPTER 5 ·

文化塑造与组织

如何塑造文化？绝大部分公司都忽视了"中三路"

如何塑造文化？图 5-1 展示了我们总结的一个简单方法论：上中下三路法。上三路指的是使命愿景、业务战略、组织策略，以及这三者背后所体现的价值观；中三路指的是经营管理原则、关键流程/机制/系统、人员能力标准；下三路指的是仪式/符号/英雄/故事、标准操作流程及制度、提倡及反对的行为。

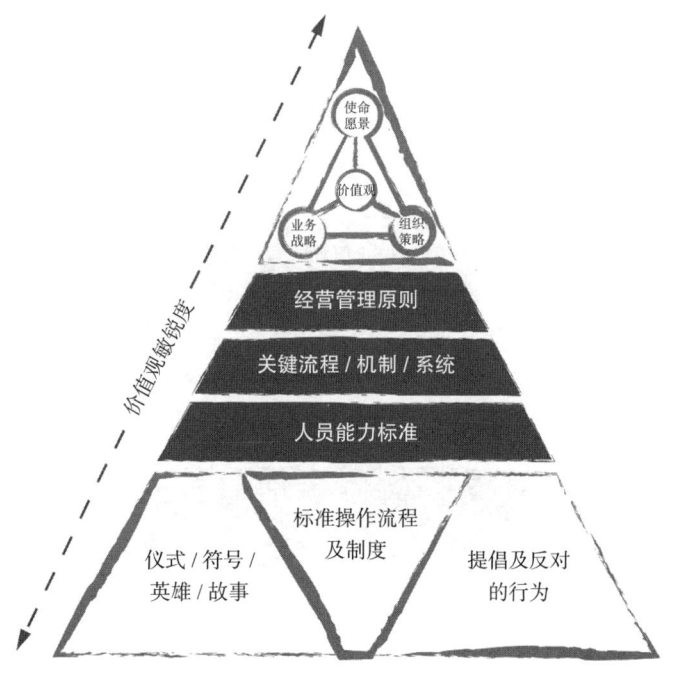

图 5-1 塑造文化的"上中下三路法"

要想塑造文化，必须上中下三路齐下，每路都不能缺。上中下三路越往上越抽象、越理念化，越往下越具体、越动作化。一个公司里，上三路最高大上，经常贴在墙上，很容易"貌似有"（"貌似有"的一个重要表征是名义使命愿景与实际业务战略、实际组织策略之间相互打架）；下三路与员工动作联系最紧密，一抓一大把，但很容易制造出各种"奇技淫巧"。

中三路往往是最容易缺失的。没有中三路，上三路和下三路之间就没有真正的连接，公司所希望的文化就无法实现。就像健身教练重点要你锻炼腰背部核心力量一样，塑造文化最重要的也是中三路。

先谈谈"中三路"中最容易缺失的经营管理原则。

绝大部分公司没有真正的经营管理原则（见图5-2）。

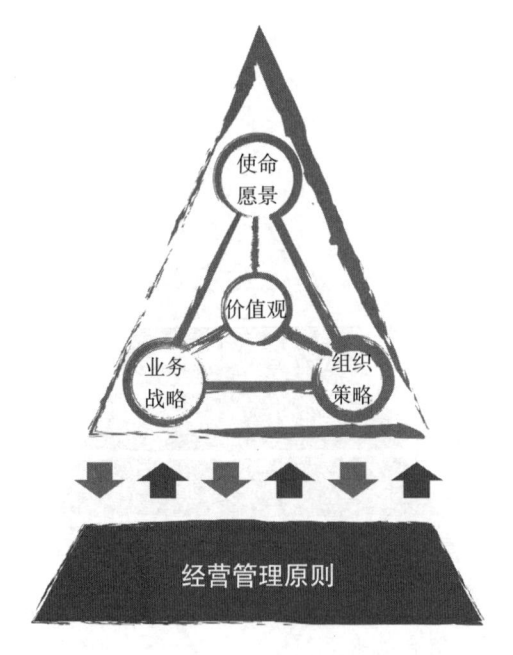

图 5-2 经营管理原则

什么是经营管理原则？举几个例子说明。

"三大纪律八项注意"中的三大纪律就是原则：一切行动听指挥；不拿群众一针一线；一切缴获要归公。这么简单的几项原则就把那么大的一个军队的文化、气质给塑造了。

儒家的三纲也是原则：君为臣纲、父为子纲、夫为妻纲。就这简单的三条就把中国古代偌大的农业社会管得"服服帖帖"，不管朝代如何更迭。

美国宪法第一条至第十条修正案，称为《权利法案》，也是原则。

所有的原则都是基于上三路的，但原则比上三路更加具体，对日常工作和生活中遇到的实际问题有直接的指导作用。

原则可以巩固价值观，也可以扭曲和出卖价值观。孔子当时向齐景公提出的治理国家八字方针"君君、臣臣、父父、子子"是偏价值观和愿景的，要求君臣父子各自按照应有之道去做，都要符合角色要求和规范。这些和后来董仲舒提倡的"三纲"的意思相同吗？我觉得不相同。尽管价值观/愿景更高、更正确，但在极具操作性的"三纲"面前，这些更高、更正确的价值观/愿景也是无可奈何。孔子光谈价值观/愿景，没有具象化为原则，给他人留下了任意阐述的机会。

相对来说，美国的《权利法案》的十条原则，对于之前《独立宣言》中所提倡的"天赋人权"的价值观就有比较正向的拱卫作用。

从定义上来说，价值观更多是要珍视的"东西"，但原则更偏行动指针。用这个标准，大家可以来评价一下：华为提倡的"以客户为中心，以奋斗者为本"是偏价值观还是偏原则？我认为这两条都是偏原则的，是非常行动指针式的描述。

如何塑造原则？实际也不难，你可以从"好人好事"开始积累，在若干实际工作层面（客户端、员工端、合作伙伴端、投资人端、社会端）创造案例和故事。案例和故事至少可以分为五个层次：感动、惊喜、满意、抱怨、愤怒。当你创造的感动、惊喜大大多于抱怨和愤怒的时候，你的原则就逐渐立起来了，你的文化就逐渐塑造出来了。

一个领导总结原则的水平直接反映了其个人能力，因为从中可以看出他有没有处理过有挑战性的工作任务，有没有认真地思考总结反省过。比如，某个老板整天强调要科学决策，什么事情都要讲精确的数据，很善于把下属逼得哑口无言，但是效果很不好。

看看另一个老板在"科学决策"这个原则方面做的总结和阐释：决策是建立在数据资料支持和直觉判断的基础上的；决策的成本是指决策过程成本＋纠错成本＋机会成本；好的决策就是决策成本最小而效益最大；当力求最优解而导致决策成本增加时，满意解优于最优解。

两者一比较，高下立现。没有干过多少实活儿的老板只知道空喊"不会错"的口号，但无法给别人提供如何"做对"的指导。真正练过、有成功的经验和失败的教训、思考总结反省过、真实面对过自己的人才会总结出真正的原则。

你说这些经营管理原则对塑造文化重不重要？没有"经营管理原则"，一个领导很容易以高大上的使命、愿景、价值观掩盖自己的不思进取及言行不一。

不过，经营管理原则还是偏中三路的上路，它与上三路联系紧密，但还有点偏虚，它还得进一步落实到流程、机制、系统及人员能力标准上。

我们接下来谈谈中三路中的人员能力标准。

一谈到人员能力标准，很多人立刻就想到了"专业技术能力"。专业技术能力在价值观上是偏中性的，很难与价值观产生真正的连接。能与使命／愿景／价值观产生有机连接的是"行为能力"，比如现在已经比较普遍应用的"素质能力"。素质能力又可以分为通用素质能力、职能素质能力、岗位素质能力、高层领导力等，其中，通用素质能力及高层领导力与使命／愿景／价值观、经营管理原则的关系最为紧密。

"通用素质能力"及"高层领导力"都是相对可以转移的能力。比如，通用素质能力一般会包括责任心及主动性、系统思考及解决问题能力、创造性执行能力、沟通及讨论能力、协作能力、影响及感染能力、学习及自我突破能力、处理模糊混乱及变化的能力等。高层领导力则大多包括高瞻远瞩（envision）、激励（energize）、赋能（enable）等。

如何定义及描述本公司所需要的通用素质能力，并落实在招聘、培训发展、绩效管理、任用淘汰等各个环节，将直接影响公司的文化。

一个要求员工具备"处理模糊混乱及变化"能力和一个没意识到这个能力的公司，在文化气质上是非常不一样的。很多人难以理解，"处理模糊混乱及变化"是个能力吗？这真是个不常见的通用素质能力。具有类似专业技术水平的人，具不具备"处理模糊混乱及变化"的能力，会让一个创业公司的绩效有巨大反差。这种能力不是一天两天就能训练出来的，而是在长期的家庭教育、学校教育、工作经历中逐渐形成的。这种能力是创业者成功的关键能力。

如何评价这种能力呢？表 5-1 展示了通过仔细地观察总结我们可以给这个能力分级。

表 5-1 "处理模糊混乱及变化"的分级评价标准

分值	描述
1 分	• 视模糊、混乱及变化为"不对"的事情 • 无法承受模糊、混乱及变化所带来的变化
2 分	• 勉强接受模糊、混乱及变化的不可避免性及正当性 • 模糊、混乱及变化会带来大量的焦虑及怨言，导致难以长期坚持
3 分	• 接受模糊、混乱及变化的不可避免性及正当性（尤其是在组织的初创阶段、快速成长阶段、变革阶段、创新阶段） • 积极寻找这种方式去适应环境
4 分	• 能在模糊、混乱及变化等不确定状态下保持积极心态 • 能积极主动地拥抱变化；即使在模糊、混乱及变化下，也能给出清晰的行动指令
5 分	• 能在模糊、混乱及变化等不确定性状态下保持轻松心态 • 能在模糊、混乱及变化中发现创造价值的机会 • 能带动他人处理模糊、混乱及变化的能力
6 分	• 有在模糊、混乱及变化等不确定性状态下创造价值的实际案例 • 善于创造建设性的模糊、混乱及变化来促进创新及变革（但没有过度使用，比如没有整天创造无意义的混乱） • 能指导他人处理模糊、混乱及变化的能力

达到3分是合格；4分是良好；5分是优秀；6分是杰出。

把人员能力标准描述和应用到这个程度，你看出了人员能力标准和文化之间的关系了吗？

同样方向的能力，如果用不同的名称，对公司文化的影响就很不一样。比如，要求员工具备"沟通及讨论能力"而不仅是"沟通能力"，要求员工有"创造性执行能力"而不仅是"执行能力"，要求高层具备"学习及自我突破能力"而不仅是"学习能力"，这些差别看似微小但会导致文化上的显著不同。

还有，在高层领导力中加上"点燃自己"的要求，与只要求"高瞻远瞩、激励、赋能"就非常不同。这个"点燃自己"就是"有企业家精神的职业经理人"与"职业经理人"之间的核心区别。

即使能力名称相同，如何定义和具体描述，对员工的行为也会有直接影响。比如，两个都需强调"学习能力"的公司，一个偏传统行业的公司对学习能力的要求中会更多强调"对典型案例的复盘和剖析""积极寻找榜样（现存或已逝），帮助自己学习提高""乐于应用、复制他人行之有效的方法"等行为；另外一个处于寻找业务模式阶段的公司，则会更多强调"向未来学习"，它可能会更多参考U型理论中的一些做法，比如提倡"去除评判之声、嘲讽之声、恐惧之声""打开头脑、打开心灵、打开意志""创造共同生成的场域"等行为。这两种学习能力对应的公司文化氛围是非常不一样的。

通过以上的举例，我相信读者对于人员能力标准与塑造公司文化之间的关系会有一点感觉了。

我们还可以从另外一个角度来阐释人员能力标准对塑造公司文化的影响。很多公司在设定人员能力标准时，如果在方法论上就缺少"通用素质能力"及"高层领导力"这两个要素，在招聘实践中就难以做到先"为公司招人"再"为职能/岗位招人",很容易就只"为岗位/职能招人""为某领导招人",而忽略"为公司招人"。招来的人从底子上就很不一样,之后再想靠文化宣传或价值观考核把大家拧成一股绳,难度非常大。

有些人会问,这些通用素质能力要求会不会每个公司都差不多?对于绝大部分处于创始人阶段的民营企业来说,每个公司都很不一样。决定一个公司人员能力标准的最重要因素就是创始人独特的人才审美,行业特征、战略、公司发展阶段在很多时候只能做配角。

小结一下:中三路中的人员能力标准,尤其是其中通用素质能力标准以及高层领导力标准,对于塑造公司文化起着关键性作用。上三路中的使命愿景、业务战略、组织策略及这三者背后所体现的价值观,以及中三路中的经营管理原则,必须非常具体地体现在人员能力标准上。如果没有这种血肉联系,公司所想要塑造的文化就是空中楼阁。

人员能力标准算是中三路中最偏下的、与人联系最紧密的一路。

我们最后再谈谈中三路中与业务联系最紧密的一路:业务流程/机制/系统。流程、机制和系统也算是中三路中的中三路。

简单说一下流程、机制、系统这三个概念之间的关系:流程、机制是系统的组成部分,流程重整及机制设计是系统进化的重要手段。

文化容易给人误解,好像它更偏管理人的思想和行为。实际上,对于企业来说,塑造文化最关键的还在于业务流程、机制和系统方面的设置。如果只把文化理解为对内部员工的事情,很容易自我陶醉和集体自利。文化必须与企业业务成功及客户满意相互交融才能有生命力。

举个例子,你去西贝莜面村(以下简称西贝)用餐,服务人员会承诺你"25 分钟上齐一桌好菜",如果超时了服务员就会送你酸奶或饮料以示歉意。另外,如果你说某个菜不好吃,这个菜就可以退掉。退掉的菜要放进"红冰箱",事后员工会分析其原因,做出改进。这些业务流程、机制方面的设置，与其背后的"幸福顾客：我们承诺，坚守实心诚意的西贝待客之道，想方设法为顾客创造惊喜，闭着眼睛点，道道都好吃"的经营管理原则直接相关。而这个经营管理原则与西贝的"创造喜悦人生"的使命以及"全球每一个城市、每一条街，都开有西贝，是顾客最爱用餐地。因为西贝，人生喜悦"这样的愿景紧密连接。没有在流程、机制方面的设置，仅靠员工热情的服务态度能实现"极致客户体验"吗？如果能实现的话，就有点想当然了。25分钟上齐一桌好菜，背后是一整套的系统，包括菜品研究、中央厨房、员工训练、绩效管理等。

在流程、机制和系统这一路中，最难的是系统，尤其是组织系统。什么是系统呢？系统是由一些相互联系、相互制约的若干组成部分结合而成的、具有特定功能的一个有机整体（集合）。什么是组织系统呢？我们的总结是：若干流程、机制、目标、价值观、场景、能力等结合起来，共同完成某一特定的连续性组织功能，就形成了组织系统。

流程的关键词是产出，机制的关键词是目标，系统的关键词是功能。

组织系统与公司文化有什么关系呢？简单来说，能否形成有功能的组织系统，是公司所倡导的使命/愿景/价值观、经营管理原则是否真正落地的最重要的标准。

前面所说的价值观、原则、人员能力标准、某个片段流程、小范围的机制，作为独立的条目时相对容易立住，但在一个系统里，所有这些东西都需要整合。有时，做到了以客户为中心，却牺牲了对员工的承诺；善待了同路人，但可能对投资人不够好。一个系统将检验这些使命、愿景、价值观、原则、流程、机制是否内在匹配。

以人才选育用留系统来说明，它的功能和目标是：若干流程、机制、目标、价值观、场景、能力等结合起来，共同完成某一特定的连续性组织功能，就形成了组织系统。

要想实现这样的功能，一个公司或组织要做很多事情。比如，人才选育用留系统一般会有以下这些典型、相关的子系统：人员标准（通用素质能力、领导力、职能/岗位素质能力、专业能力）；职业序列及等级；各序列及等级人才价值定位；中基层人才招聘及融入；管理培训生的招聘及早期发展；特定类别人员（如销售代表）的招聘系统；入职培训体系；企业大学/培训学院；360度评估；人员发展计划；导师计划；上级对下级的指导和传帮带；领导力发展；继任者计划；人员调配；人员编制；人才盘点；晋升、降级与辞退；轮岗；绩效+潜力综合评估，等等。

我们经常可以观察到，一个公司做了很多事，比如，人员能力标准定义得非常深入，人才盘点的程序做得很严谨，干部选拔任用也有明确的制度等，但整体就是连不起来，形成不了想要的功能。定义出标准、程序、制度是一回事，如何将它们变成组织的习惯和功能是另外一回事，这两者之间的差距就是系统。

为什么就不能连成整体呢？这背后一定是有价值观、原则互相打架的地方。如果这些东西在打架，你说这个公司的文化塑造起来了吗？

我们总结了十大通用的组织系统，包括人才选育用留系统、战略协同及绩效管理系统等（见第2章）。在一个人才选育用留系统上实现价值观、原则的集成，达成所需要的功能已经很具挑战性，在十个组织系统上进一步集成的挑战就更大了。

另外，建立组织系统本身就是非常考验价值观的事情。我们的文化传统里面有很强的"君为臣纲"的纵向领导力传统，但建立组织系统恰恰需要横向领导力、网络领导力，必须更多靠协商、说服、参与来实现，无法靠领导强势要求、流程梳理、政策规定来实现。所以说，在建立组织系统这个维度，不仅考验一家公司是否有价值观和原则，而且会考验其有什么样的价值观和原则。某些价值观和原则本身就是和建立组织相抵触的。

所以，如果说一家公司没有运行顺畅的组织系统，它所宣扬的使命/愿景/价值观、经营管理原则肯定还只是浮于表面。

以上简单介绍了塑造文化的中三路，希望对读者有所启发。我们的核心观点是：要想塑造公司文化，中三路是关键。当然，我们绝对不是在忽视上三路及下三路的价值，没有上三路的引领和下三路的拱卫，中三路也容易不上不下很尴尬。

上三路需要"超越性"和"战略性"，中三路需要"理性"和"系统性"，下三路需要"操作性"和"感性"，上中下三路相互配合才能塑造现实性与超越性矛盾相平衡的、有生命力的、有魅力的文化。

本节作者为房晟陶

文化就是"标准",你同意吗

什么是企业文化?对于这个问题,每个人的回答都不一样。

本节跟读者分享一下我对企业文化的最简版定义:**文化就是"标准"**。这种理解是怎么一步一步进化而来的?下面我简单阐述。

我对企业文化的定义不是源于某本书或某个理论。我对企业文化的定义首先来自我职业生涯中的第一个大咖领导:1995～2001年我在宝洁工作时的大中华区人力资源总监(后来他做了宝洁全球首席人力资源官)。

他说:"culture is common behavior."中文翻译过来就是**"文化就是普遍的行为"**。

他这么说,我觉得挺有道理的,言简意赅,而且这位领导本身既有能力又有人格魅力,于是我就自然而然地信了。我也没有太深究其理论来源如何、有没有其他更好的定义、有什么局限性等。

我估计,绝大部分的实战派都是这么成长起来的。

这个定义指导了我的工作多年,挺好用的。既然文化是普遍的行为,那么塑造文化就是塑造普遍的行为。换句话说,就是塑造"好习惯"。这跟培养孩子的道理是类似的。比起那些把文化理解为员工活动、年会、内刊、年度口号、员工表彰等事情的那类定义,这个定义要英明至少两个数量级。

十年之后,当我做了一个公司的CHO,我开始觉得这个定义有点不足了,尤其是将这个定义用于公司的高层人员的时候。对于高层人员,普遍的行为虽然仍然适用,但是行为背后的理念也非常关键。这帮"老油条"很容易在行为层面表现得很"普遍",但在背地里并不认同。所以,不能光看行为，还得挖掘一下理念。

于是我就把这个定义进化了一下：**文化就是普遍的行为＋共同的理念**。

新的定义虽然承认文化中要包含"共同的理念"这一部分，但我在实际操作中还是比较强调"普遍的行为"的。因为我认为"理念"也需要通过"行为"去塑造，而且我还有另外一个在实践中总结出来的理念：优秀的企业文化大体相同，不优秀的企业文化各有不同。这句话的意思是，所有企业要塑造的"共同的理念"都差不多，无非这四项：追求卓越、实事求是、以人为本、信任。一个企业的文化出了问题，一定是这几个基本方面出了问题。

这个定义又指导了我几年，用着也还不错。

当我跳出单个企业，从外部和比较的视角看很多企业，尤其是在观察很多处于创始人阶段的民营企业的时候，这个定义又遇到了一些挑战。

这个时候，我有意识地认真阅读了一些文化方面的"教科书"。比如，埃德加·沙因的《组织文化与领导力》，我虽然很早就知道这本书，但真正认真读还是这几年的事情。埃德加·沙因对组织文化是这么定义的："一个群体在解决其外部适应性问题以及内部整合问题时习得的一种共享的基本假设模式，它在解决此类问题时被证明很有效，因此对于新成员来说，在涉及此类问题时这种假设模式是一种正确的感知、思考和感受的方式。"

另外，他把组织文化分为了三个层次：①**外显的人为事物**，包括组织结构、政策规定、员工行为；②**表层的价值观**，反映在战略、目标、运营方式、决策方式和管理风格中；③**核心的基本假设**，它看不见，但驱动着组织成员，反映在组织成员的行动中。

我觉得这个定义及层次划分都非常好。定义中关于外部适应、内部整合这两个要素的同等强调非常关键。在对待文化这件事情上，把文化弄成一个偏内部的事务（比如变成了领导希望的价值观落地）是个非常普遍的现象和致命的问题。

参考沙因教授的定义，我试着又对文化的定义进化了一下：**文化就是普遍的行为＋共同的理念＋无意识的基本假设**。比起之前的定义，这个定义多了"无意识的基本假设"这个部分，如图5-3所示。

图 5-3 文化的定义

文化中"无意识的基本假设"这个层次，过去我虽然承认有这个事情，但是并没有充分地重视它。当我从外部观察和比较创始人与企业文化之间的关系的时候，这个要素才变得必不可少。这些创始人虚心学习，照葫芦画瓢，参照标杆企业的行为、理念要求去管理自己的组织，但是管出来的组织完全没有标杆企业的味道。这背后的关键因素是什么呢？我认为就是创始人的一些无意识的基本假设。这些无意识的基本假设与创始人的人生经历、职业经历直接相关。表面上相同的行为要求、理念要求，在不同创始人无意识的基本假设的影响下，产生的效果是非常不同的，有的甚至是严重走形的。

普遍的行为＋共同的理念＋无意识的基本假设，这是个相当全面的定义（既有冰山上的部分又有冰山下的部分）。这个定义我还没使用多长时间，不过我已经发现了这个定义的一些问题。

首先，普遍的行为、共同的理念、无意识的基本假设这三部分都太强调共同性，有些忽略了行为、理念、假设本身的"正当性"。举个例子来说，中国历史上的"三纲"以及"三字经"这种统治、管理、教育实践也塑造了"普遍的行为＋共同的理念＋无意识的基本假设"，而且应该说也塑造得相当成功。但如果这就是成功的文化塑造，似乎总是让人觉得有点不舒服。

还有，新增加的"无意识的基本假设"这个部分，在实践中有无从下手之感。既然是"无意识的"，你能怎么去影响呢？它好像只是从外部人、学者的视角把文化这个概念搞得比较圆满而已，对组织内部的管理者有什么帮助呢？

当然，最致命的问题是，这个定义有点复杂。

我是个实战派。我深知，实战派天然就喜欢简单。简单代表着锐利，代表着"易理解""易传播""易操作"。就像我当时用"普遍的行为"这个简单的定义指导了我自己多年的实践一样。

在不否定复杂性所包含的丰富性的同时，我得给实战派（包括我在内）一个更简洁的定义。

一种方案是再返回到"普遍的行为"这个简单的定义。这么做虽然有点返璞归真，但是这个返璞归真并没有把过去几次进化的精华（共同的理念、无意识的基本假设）包含进去，也没有修正这个定义的一些问题（比如过于强调共同性）。

新的定义必须既简单又与过去的理念有机关联，还对实战派有指导意义。

……

略去无数的思考、郁闷、苦恼、欣喜、希望的瞬间。

突然，这样一句话就冒出来了：**文化就是"标准"**。

如何理解这句话？以下抛出一些不同角度的诠释，供读者体会。

首先，什么是标准？举几个例子说明一下。

比如，在如何对待工作中的模糊、混乱和变化这件事情上，从视模糊、混乱及变化为"不对"的事情，到勉强接受模糊、混乱及变化的不可避免性及正当性，到接受模糊、混乱及变化的不可避免性及正当性且能主动去适应，到能在模糊、混乱及变化中保持积极心态，到能在模糊、混乱及变化中发现创造价值的机会，到能够创造建设性的模糊、混乱及变化以促进创新及变革，这样的递进就是标准的递进。你可以评估一下你的员工群体、中高层群体在这个维度上能达到什么标准。

当然，标准不需要都弄成这样规整的递进关系，可以就是简单的一两条线。比如，你的公司为客户提供什么标准的产品及服务（注意，高端不代表高标准）？开餐馆的敢不敢承诺客户只要觉得不好吃就可以退菜？做服装的敢不敢承诺衣服卖出去两周内可退可换？你的组织有没有真正的价值观，还是只是个利益团伙？上下级一起吃饭，是否上级买单？敢不敢辞退低绩效的员工？中高管能否做到用6页纸公文的形式提出系统的方案？高管能否做到能上能下？高管能否召开"走心会"？高管能不能主动披露可能的利益冲突事项？等等。

这些都是标准。一个企业的文化，就是由这样一个个具体的标准聚合而成的。

这些标准不仅涉及"行为"层面，而且至少已经包括"行为"背后的"理念"，也会触及"假设"层面。所以标准已经包括了全面定义（普遍的行为＋共同的理念＋无意识的基本假设）的大部分内涵。

标准不是一个创始人及一个组织天生就有的，标准需要被学习、被塑造。塑造文化就是塑造标准，塑造集体标准、共同标准。标准有从刻意的、想象的标准到自然的、习惯性的标准转化的过程，也有从个人标准、局部标准到集体标准、共同标准转化的过程。

其次，在哪里体现和塑造标准？要在实际的对人、对事中体现和塑造标准。再具体来说，标准可以分为对客户的标准、对员工的标准、对供应商的标准、对领导者的标准、对质量的标准、对团队合作的标准等，塑造文化就可以从这些领域下手。

标准比"行为"更丰富。一个组织在某方面有标准，一定意味着这个组织在这方面的行为、理念已经达到了相当程度的"普遍"。从这个角度讲，标准已经包括了"普遍的行为"的大部分内涵。

标准具有相对性。在对比和竞争中更能明显地看出标准。每个组织都会有"普遍的行为"，但不是每个组织都有"有竞争力的标准"。将文化定义为"标准"会引导组织的领导者首先从外部视角看文化问题。

标准更容易激发对"正当性"的关注，而不仅是考虑"共同性"。这在一定程度上能缓解"普遍的行为＋共同的理念＋无意识的基本假设"这个定义过于偏重于"共同性"的问题。

用标准这个定义，比起"普遍的行为"，更容易建立"文化"与创始人的价值观、无意识的基本假设之间的联系。组织在某一方面的标准问题，一定可以联系到创始人及领导者个人在该方面的标准问题。创始人的标准问题可能是因为视野不够（比如没有见过有标准的案例），或者因为能力不够，或者因为价值观模糊等。

标准的"行动性"更强，与标准相关的动词一般是建立、提高、改变，标准要随着外部、内部环境的变化不断演进。这种"行动性"对于实战派来说更加适合。相对来说，"行为""理念""假设"这几个词，更偏向于静态分析。

总而言之，**文化就是"标准"**。这就是我对企业文化最简洁的定义。我把这个定义以及它的来龙去脉分享出来，希望对读者有所启发。

这个定义本身并不否定**"普遍的行为＋共同的理念＋无意识的基本**

假设"这个全面的定义，它只是给实战派提供了一个简单的替代方案。对全面性比较看重的人仍然可以使用比较全面的定义。当然，如果你还是比较喜欢"文化就是普遍的行为"这个定义或者"普遍的行为+共同的理念"这个定义，也没有问题。正所谓，一百个人眼中有一百个哈姆雷特。在这个问题上，我们没有必要整齐划一。了解你为什么那样定义以及你选择的定义的优劣势更加关键。

本节作者为房晟陶

对《龙湖的主流"社会价值观"》一文的回顾

《龙湖的主流"社会价值观"》这篇文章是我在2009年龙湖上市前后所写。

这篇文章的撰写过程，大大加深了我对"企业文化"这个议题的理解，我也期待这篇文章对读者有所启发。为了忠实于历史，以下是2010年1月15日定稿的文章原文和原版配图。

龙湖的主流"社会价值观"

（2010-01-15　第四版）

"爱干活""不给领导提包""志存高远，坚韧踏实""有企业家精神的职业经理人＋操心员工""善待你一生""简单直接＋职业化""对事不对人，亲密有间""敢辞""大公司、小组织""地域灵活性""成功＝宁静的心灵＋人生的目标＋金钱的自由＋健康＋爱""高管无功就是过""同路人"等这些词句，龙湖员工耳熟能详，已经成为龙湖文化的标志性符号和语言。

- 为什么会是这些词句呢？
- 龙湖文化是否真的与众不同？
- 这些不同是否能帮助企业产生可持续的竞争优势？
- 如果这些不同有价值，如何保护这些不同？
- 未来，我们还要继续建立哪些不同？

本文就试图与你共同探讨这些问题，希望能够引起你的思考、共鸣、质疑、批判，也期待你的意见和建议。

公司小的时候，有比较明确、集中、有机的商业价值观对其生存发展很重要。这些商业价值观包括：利润等于营业额减成本、客户导向、规模经济、产品线、市场细分、产业链、资本运作、竞争战略、品牌等。但一个公司不仅是个商业、利润机器，它还是个小社会，而且随着公司的规模增大，其小社会的特征会愈加明显。一个小社会的竞争力及可持续性，随着其规模的增大，会越来越依赖于其社会价值观的竞争力、有机性、集中度。在商业价值观上很有机、很有竞争力，但在社会价值观方面不够有竞争力、不够有机、不够集中，是不足以支撑一个现代化大公司持续健康发展的。

以一个现象来阐明两种价值观的区别：从一个企业跳槽到另外一个企业工作，很多人做得不太成功时都会说是因为不适应新公司的企业文化。具体不适应什么呢？这要分为两部分。一种不适应是不适应新公司的商业价值观，更多是因为个人的经验能力、学习适应能力方面的问题。比如，在一个以低成本为主要竞争策略的企业里训练出来的很多能力，到了一个以差异化为主要竞争策略的企业里，其价值是大打折扣的。在这种情况下，如果不能迅速适应、学习、扬弃，是不容易成功的。

另外一种不适应就是不适应新公司的社会价值观。这种不适应，员工个人会有强烈的感觉，可以用点滴小事来例证，但很难系统阐述（只好代之以皱眉、摇头加无奈地苦笑）。例如，在一个公司里，不给领导提包天经地义，但在另外一个公司里，你不善于给领导提包，前途就很堪忧了。再如，在一个公司里领导讲完话没人发言，而在另外一个公司里领导讲完话期待你发表自己的观点。由于这些不同而引起的不适应，就是个人价值观与新公司社会价值观之间存在不适应。

相对来说，企业之间的商业价值观不同是比较容易辨别和理解的，对比研究一下其年报、了解一下其产品就可以略知一二。大部分有一定商业经验成熟度的商界人士也都会认可，不同企业的商业价值观本身并没有绝对的对错之分（比如，不能说多元化就是错的，专业化就是对的；也不能说做高端就是对的，做低端就是错的；更不能说做精品就是对的，高规模化、标准化就是错的）。此外，企业的商业价值观，会因为市场竞争情况、国家政策、公司发展阶段的变化而不断调整，这些调整的逻辑也较为容易理解。

但企业在社会价值观方面的不同及变化是不容易被描述和辨别的，而且这方面的不同极易引起对与不对的争辩。改变企业的商业价值观很难，改变企业的社会价值观也不容易，尤其是企业规模大的时候。这就意味着，在企业成长的早期，如果不能植入有竞争力的社会价值观基因，待其规模大了，需要这些社会价值观的时候，再想植入就很难了。到那个时候，有些在早期跑得很快但不太注重企业社会价值观建设的企业，即使其很有机会、很有竞争力的商业价值观，也会明显地慢下来、乱开来，甚至倒回去、倒下去。

本文的目的就是将龙湖需要保护和进一步建立的主流社会价值观明确地描述出来。龙湖发展了十五年，刚刚成功上市，规模还算中小，还处于二次创业期间，在这个时候把主流社会价值观总结、提倡出来，是个适合的时机。方式是选择六个比较容易理解和对比的文化维度，描述在这六个维度上龙湖主动采取的不同取向。这六个维度中有三个维度是荷兰心理学家霍夫斯泰德用以描述不同社会文化的维度：个人主义与集体主义维度、不确定性规避维度、权力距离维度。这六个维度并不是完全相互独立的，也不是同等权重的。但这并不是主要问题，因为我们的目的不是在学术上无懈可击或者追求排比对称的美感，而是要让员工比较容易理解。

这六个维度可以分为两类。第一类有三个维度：权力距离维度、普遍主义–特殊主义维度、中产阶级维度。这类维度，龙湖已经有了明确的选择，员工也在广泛践行，是龙湖文化标志性的特征。我们自己知道这些价值观对龙湖很重要，进一步明确地描述出来有利于我们更加有意识地理解它、珍视它、保护它。

维度一：权力距离

权力距离高的组织，认可组织内权力的巨大差异，员工对权威显示出极大的尊敬，称号、身份及地位占据极为重要的地位。权力距离低的组织，上级仍有权威，但员工并不恐惧上级。低权力距离与平等有很强的相关性，组织氛围越平等，权力距离就可能越低。在权力距离低的组织里，权力甚至会让拥有它的人感到不好意思。很多人都会尽量低调行事，让自己看起来没有任何官威。所谓的亲民就是拉近权力距离的表现。在一个权力距离低的组织里，如果你想让你的上级为你做一件事情，你很可能会说："我星期一需要你的明确意见。"但在一个权力距离比较高的组织里，你更可能这样说："如果不是很麻烦的话，希望您周末百忙之中抽点空看看，写得不妥的地方请您批评指正。"在后一种情况下，结果很可能是：领导周末根本没看（他也没觉得你那么急），周一你没有给谈判方意见，结果整个计划贻误了"战机"，如此等等。在这个维度上，龙湖的明确取向是低权力距离，如果以 0 为最低，100 为最高的话，龙湖的位置应该是在 10～30，我们整个社会的平均水平在 70～80。权力距离太低也会出现问题。比较明显的包括，员工从一些权力距离高的组织来到龙湖，会觉得龙湖的领导没什么威严，有些人甚至会因此对领导产生轻慢之心。还有就是，如果有的领导为了权力距离低而低，把亲和力变成了自己的第一优点，这就过了。亲和力是好的，

但这不是员工对领导的首要要求（取得结果、建立竞争力是更重要的要求）。在权力距离低的组织里，平等的讨论会更多，而讨论往往会比专断多费些时间，所以在某些时候也会影响决策和速度。

与低权力距离这个取向相关，在文化管理方面我们就会有很多敏感管控点。龙湖在公司内部所提倡的简单直接的沟通，其内在本质就是低权力距离。其他敏感管控点包括：领导的办公室大小（不能很大，最高层领导也不超过20平方米）；领导办公室的位置（不能是最好的位置，你已经有独立办公室了，就把光线好的开放办公位让给员工吧）；不到非常必要，不能给任何领导配秘书、助理，甚至龙湖就根本没有秘书、助理这种职位名称；下级不允许给上级提包、开车门、扶电梯；反对下级对上级点头哈腰，也不重用这样的人；严禁说"请××总/首长做重要讲话/指示"；决策前提倡平等的争论讨论，决策后坚决执行；鄙视会上不说、会后乱说、马后炮；在内部给出工作建议时，使用倒置法（即先讲建议、结论，再讲依据）；给上级提出工作建议时，多让上级做选择题，少做开放式的问答题；严禁在公司内部使用"妥否，请批示""阅""已阅""拟同意，转××阅"这样的用语；开大会时不让领导坐在主席台上面向员工；内部聚餐时不能按职务高低分层排桌；反对"级别越高，掌握的真理的程度就越高"的论调及行为；不设很多官职名称及层级，不以虚高的官职名称（如总裁助理、董事长助理）去吸引潜在员工；反对用虚高的职务名称来明升暗降；反对给领导排座次、排出场顺序；反对内部文件用政府红头文件的样式等。

维度二：普遍主义 – 特殊主义

普遍主义和特殊主义指的是处世态度。普遍主义是指能超越血缘、地缘私情，愿意把原则适用于所有人的处世态度，又可称为"对事不对人"。

这是所有现代化制度建立和运行的最基本的人的处世态度保证。普遍主义态度被认为是都市的、商业的、现代的。特殊主义是指因人而异、亲近疏远、厚此薄彼、血缘主义、地缘主义的处世态度。特殊主义被认为是传统社会或农村共同体的文化特征。持特殊主义态度的人，对团体内、对自己人、对血缘亲戚或有地缘关系的人，表现为重团结、重道德、亲近；对团体外、对外人、对血缘或地缘外的人，则表现得冷淡、冷酷、漠视和不道德。如果一个社会或组织缺乏普遍主义态度，那么一切现代化制度都是徒有其表。企业不能树立普遍主义态度，就会使血缘、人情、交情凌驾于能力和利润原则的基础上，万事以情为重，企业成了亲朋好友的团聚会，只能发展小作坊经济。思想家马克斯·韦伯认为，所谓现代化进程，在组织结构和方式方面，就是官僚制组织形式在所有团体（如国家、教会、学校、企业、医院等）里普及发展以及不断增大强化的过程。官僚组织在这里不是贬义，而是指一个现代的、理性的、规模化的机构，如果称作"科层制"会减少很多争议。科层组织需要具备五个重要特点：①依法处理事务，即做事依据相应的规矩、原则或法律法规，而不允许办事人员恣意妄为；②明确分工；③职级制度，所有人员都处于上下级关系当中，具有不同范围的权限；④文字化沟通及记录；⑤客观公平的态度。科层制的危险是易于走向官僚主义，但科层制的基础理念需要应用于所有现代化的组织。在这五个特点里，前四个是比较容易从表面上实现的（当然，第一个特点中依据原则行事也很难），第五点，客观公平的态度，是最难的。我们可以观察到，很多组织制度健全、

职责明确，但是在客观公平的态度上，差距很大。这样的组织不是现代的科层组织。没有普遍主义的原则，一个企业，即使所处行业再前卫，再挣钱，规模再大，也不是一个现代化的组织。在中国社会的现代化过程中，可以说特殊主义制造出很多阻碍。在这个维度上，龙湖明确的取向是提倡普遍主义，反对特殊主义。如果用数字来衡量，0为普遍主义极端，100为特殊主义极端的话，我们的分位在20～30，我们整个社会在这个维度上的平均水平是80～100。

龙湖一直对特殊主义存有高度的警惕。创始人在公司里没有任何亲属及好友就是一个重要标志。另一个标志就是不允许公司里存在亲属关系。到目前为止我们做得不错，但我们必须提起一百个警惕心，因为即使没有亲属，老部下、老同学、老同事、战友、酒友、旅友、病友、牌友、网友等这些关系都很容易成为特殊主义的温床。特殊主义盛行，肯定是因其有吸引力及内在价值。比如，特殊主义有时会给我们带来安全感和幸福感，因为人与人的关系是让我们快乐的重要因素。还有，在发展人方面，适度的特殊主义、"开小灶"也是有效率的。很重要的一点是，在工作中建立的正向的"特殊主义"，也是组织中的"信任资本""社会资本"，会大大提高一个组织的运行效率。这是我们留下20～30的特殊主义成分的原因。

从另一方面讲，普遍主义走到极端，也会有很多问题，比如待人冷冰冰，没有一点人情味，不去与重要相关人（如下属、重要合作伙伴）建立理解和信任等，甚至有人会把这些都说成是职业化的表现，这就过了。在这样的环境下工作，每个人都戴着面具，整个公司就会缺乏真诚与热情，员工也会逐渐变成没有人性的机器。所谓人的异化就是这么回事，很多人讨厌大组织就是这个原因。与普遍主义–特殊主义这个取向相关的具体管控点包括：禁止成立任何校友会、老乡会等各种以地缘、感情等为纽带的组织；不提倡很容易被理解为感情、人情重于绩效能力的"家文化"；员工可以成立以兴趣（如摄影、健身等）为纽带的协会；人员调动中不能形成大量带老部下这种风气；禁止下级给上级送礼或请客吃饭；严格控制员工人数，在同等规模下组织规模最小；禁止迎来送往、接风洗尘；反对员工之间家庭般地称兄道弟；接受、鼓励项目团队人员之间在战斗中形成的同志友谊；不鼓励中高层管理人员之间过度的私人层面的交往，甚至拜把子；不鼓励员工之间有非应急性的金钱关系等（如上级借给下级钱买房）；不鼓励员工之间借婚丧嫁娶送大礼（达到社会习俗可接受的水平即可）；鼓励对高绩效、高潜力的人群适度的"偏心眼"和"开小灶"；对新员工尤其是应届毕业的新员工，可以给予适度的特殊关怀；提倡正式沟通与非正式沟通的平衡，反对八卦文化（过度的非正式沟通，非正式沟通甚至成了主流）；员工必须及时申报各种可能的利益冲突事宜（如与配偶的公司有业务往来等），并回避相关决策等。

当然，在一个特殊主义盛行的社会中，提倡普遍主义难度是很大的。在大量的对外工作中，只用普遍主义原则是不够的，这确实会给某些岗位的员工带来一定程度的"分裂"。我们要做的就是提高控制这种切换的能力而不是非黑即白。

维度三：中产阶级

中产阶级又称布尔乔亚、中间阶级、中间阶层，是建立真正和谐社会的关键基础。龙湖致力于创造一批现代的、可持续的、有竞争力的中产阶级。

龙湖的主流价值观具有中产阶级属性。龙湖对成功的定义是"成功＝宁静

的心灵＋人生的目标＋金钱的自由＋健康＋爱"，这是现代中产阶级价值观的生动描述。现代中产阶级是相对于传统中产阶级而言的。小企业主、店主、遗产继承者都属于传统中产阶级，而现代中产阶级更多是靠专业知识及管理专长来安身立命的人。职业经理阶层是典型的现代中产阶级。

两个规模一样的企业，其阶层结构可能是大相径庭的。一个企业的阶层结构可能是这样的：一个老板；少数伪中产阶级（伪中产阶级指的是其在经济上是中产阶级，但其技能不具备可持续性，对老板仍然有相当程度的人身依附）；广大的民工阶层。另外一个企业的阶层结构可能是中产阶级占主流。当然，一个企业的阶层结构不光由这个企业的价值观选择决定，企业所处的行业、其在产业链中的位置，是根本因素。比如，一个劳动力密集的、处于产业链内弱势环节的制造企业，是比较难产生大量的、可持续的、现代的中产阶级的。

龙湖给员工的价值定位的基调就是：你可以从一个学生可预见地发展为一个可持续的现代中产阶级（通过聪明才智、勤奋、教育、机会改变自己的命运，实现人生价值）。我们的职等体系及薪酬体系就是这么设置的。2级或3级是中产阶级入门端，4级是中产阶级中低端，5级是中产阶级中端，6级是中产阶级中高端，7级是中产阶级高端，8级是高高端，9级基本上就进入另一个阶层了。比3级低的S级、1级、2级员工中的一部分虽然在经济上达不到中产阶级，但对比从事同样工作的其他公司的人，薪酬上有竞争力，并且也有发展为3级以上的通道。

中产阶级有其普遍特征，如注重人格独立，注重身心平衡，爱参与，既革命又保守，不憎恨有钱人（只要其钱是正道来的）也不会瞧不起穷人（因为自己也穷过，而且也可能再穷回去），喜欢理财、购房、置业、投资，爱旅游，重视子女教育等。举个例子，和讯网将自己定位为"中国财经网络领袖和中产阶级网络家园",就是对中产阶级喜欢理财、购房、置业、投资这一特点的把握。当然,中产阶级有其值得警惕的可能问题,如媚俗、势利等。

与这个维度的选择相关,我们的具体管控点包括:在确保劳动生产率有竞争力的基础上,给员工提供有竞争力的薪酬;提倡员工成为有企业家精神的职业经理人,但不培养小老板,管理上不实行以包代管的承包制;相对广泛的员工持股计划参与,让员工通过持有公司股权来分享公司的成长与成功,而不是通过项目利润分成来分享项目的成功;对员工高标准严要求,帮助员工培养能创造价值的真才实学,成为可持续的中产阶级;在跨地域、跨业务板块、跨职能调动时征求员工的意愿;开展员工活动时注重中产阶级的特点等。

在公司下一步的发展过程中,我们也要避免高层管理者的贵族化倾向。即使收入再高,他们也主要是靠自己的技能生存的人。保持中产阶级的价值观本色,对于他们领导的其他中产阶级人员能起到重要的表率作用。

中产阶级有理由对自己阶层的先进性充满信心。权贵阶层是个别的、小众的,我们的社会不会因为有几千个富豪而和谐,国家也不会因此而富强,只有当中产阶级占据了比较大的比例,社会结构成为纺锤形时,我们的社会才会和谐,国家才能由内而外地强大。

需要说明的是,房地产行业的平均利润率较高是其目前能产生很多中产阶级的主要原因。从这个角度讲,这种行业状态中创造出来的很多中产阶级都是伪中产阶级。未来行业竞争的胜利者将是能真正创造价值的组织,能创造价值的组织才能产生可持续的中产阶级。

还要强调的是,龙湖产品的客户绝大部分是中产阶级(中产阶级中端、中高端、高端、高高端),尤其是现代中产阶级。只有在经济上和精神上都很中产的员工队伍，才能真正理解中产阶级，做出能打动中产阶级心灵的产品。从这个角度讲，主流社会价值观中有足够的中产阶级含量是非常关键的。

我们再来谈谈第二类的三个维度：个人主义－集体主义维度、不确定性规避维度、现代－后现代维度。这三个维度是龙湖部分践行、提倡的，但整个组织对它们的理解深度不够，还有一定争议，因此集中度不够。把这些维度明确地描述、提倡出来，有利于统一思想，减少纠结，使行动更加笃定，成效更好。

维度四：个人主义－集体主义

这是个最容易引起争议的维度，因为个人主义很容易与自私自利、贪婪、个人英雄主义、冷漠等联系在一起，这种联系里有很多误解。个人主义的美德是追求自由和承担责任，集体主义的美德是团结、友爱、利他。集体主义并不在道德上生来就更高尚。

在个人主义价值观下，对人的评价完全依据个人的能力和品德，人们的家庭背景不是很重要。对法律和社会责任的承担也是个人。个人与团体没有人身依附关系，而是一种自由契约关系。个人对团队除了负有契约内的责任，团体不再是个人为之献身的目标，而是实现个人的各种需要的手段。在集体主义价值观占主流的组织里，家长、族长等具有绝对权威，个人与团体及首领之间往往存在人身依附关系。在极端情况下，个人甚至被视为可以为团体及首领而牺牲。

在个人主义－集体主义这个维度上，龙湖要提倡以个人主义为本质，以集体主义为外立面。这种选择的最重要原因是：企业高层管理岗位（如地区公司总经理、CEO 等）的内在本质首先是个人主义的。一个现代化的公司，如果自身不能源源不断地产生有竞争力的高层领导者，是不会长久的。而要产生一代代有竞争力的高层领导者，组织文化中没有足够的个人主义含量是不行的。我们可以观察到，一些企业家是不折不扣的个人主义者，但其麾下全都是集体主义者。在这样的结构下，如何实现未来领导团队的更替？部分中层管理者以集体主义为主流价值观是可以胜任中层岗位的，但如果一个公司有无数胜任的中层管理者，而没有有竞争力的高层领导者，也是前途堪忧的。在外部市场平稳、一切顺利的时候，大家不需要个人主义者甚至讨厌个人主义者，但在公司遇到外部市场巨大变化、遇到挫折、需要变革时，大家就该需要个人主义者了。"我劝天公重抖擞，不拘一格降人才"以及"国难思良将，家贫思贤妻"，就是这个道理。

另外，个人主义对创新和突破很关键，因为所有开创性、突破性的工作本质上都是很个人主义的。对于公司日常的绩效来说，如果我们不注重保护个人主动自发的精神、个人进取心，代价将是非常高昂的。龙湖产品的品质需要员工积极主动地创新、创造性地执行。新进入一个城市，新开拓一个市场，更需要突破。从这方面来说，保持足够含量的个人主义也是非常关键的。这里注意，我们需要的是真正的个人主义者，而不是伪个人主义者。伪个人主义者确实存在。真正的个人主义者需要经过几重考验：第一重考验是，他必须是真正追求自由并承担个人责任（尤其是承担"无限责任"的心态和能力），自由与责任永远不可分离。第二重考验是，他要能培养出其他真正的个人主义者，不能培养出其他人才的个人主义者，要么是自私的个人主义者，要么是无能的个人主义者。第三重考验是，他是尊重、关心他人的，是把人当作人的。与此相关，真正的个人主义者是能与其他人合作的。这一点尤其重要，因为它提供了一种可持续的人际理念，即建立在尊重、关心基础上的人与人之间的关系，而不是要么就是哥们儿，要么就是路人甚至敌人。

在个人主义－集体主义这个维度上，如果是以个人主义极端为 0，以集体主义极端为 100 的话，龙湖的范围是 30～50。美国在所有国家里个人主义程度是非常高的，可能会达到 0～20。中国社会的平均水平是 50～70。

中国社会的个人主义程度并不是很低。比如，所有农户都是一个自负盈亏的企业家。独生子女政策也会对提高个人主义有一定推动。还有，企业家是最典型的个人主义者，企业家阶层的涌现并走向社会舞台的中心，对肯定及传播个人主义起到了不可估量的推动作用。如果这些企业家中有一些是真正的现代企业家，而不是光想赚钱的老板的话，作用就更明显，在道德上也更有说服力。但龙湖不能像美国社会有那么高的个人主义，还是要有集体主义的外立面的，这样做会大大减少个人主义者受到的道德压力。这种外立面包括团结、友爱、乐于助人等，这有利于个人主义者高效迈向成功，人际上更幸福（尤其是在中国这种文化环境里）。

在个人主义－集体主义这个维度上，龙湖在管理实践中关键的管控点包括：人才的定义（有企业家精神的职业经理人＋操心的员工）；进行针对个人的绩效评估、潜力评估（而不是仅对团队做绩效评估），并坦诚与被评估人沟通；奖金、薪酬、晋升速度要充分拉开差距，不搞平均主义；敢于辞退不胜任或不适合的人员（但要有坦诚的沟通、合理的绩效改进期）；对于高管，继续提倡"无功就是过"；实施薪酬保密制；引导员工对个人的长远职业发展负责；愿意给有潜力的员工付薪酬，持续不断地招收有潜力、有个性的应届毕业生；鼓励员工明确表达自己的职业理想和目标，而不是鼓励"夹着尾巴做人"；不重用那些表面上想表现出自己没有任何非分之想，但实际上认为自己很行，希望领导尽快重用自己这个人才的人；

不设助理、秘书这种职务名称，也减少副经理、副总监等这类副职，每个岗位都有独立的职责而不应是其他岗位的附属品；把发展他人当作衡量一个管理人员的绩效以及提拔任用的重要方面；在选拔一把手以及高管时，宁愿选有优点、特点但也有明显缺点的，也不选那种没什么缺点、面面俱到但也无突破力的；提倡员工待人热情、乐于助人；鼓励和认可员工对团队目标与工作伙伴的投入，提倡"有纪律的投入型文化"；公司奖项设计中既有个人奖项也有集体奖项；鼓励长期服务，但不提倡"家文化"，且明确反对"家长式"领导作风；在外聘中层以上人员时，把是否有较长的连续服务时间（如在某家公司连续服务五年以上）作为应聘者工作经验和质量的重要考量；提倡精英但不提倡不协作的精英；不把温良谦恭当作选拔人才的首要标准；允许价值观上适合公司、离职前绩效表现不错的员工重新加入公司；公司对外保持适度低调等。

个人主义与低权力距离也息息相关。在以个人主义价值观为主流的组织里，权力距离也会相对较低。由个人主义价值观激励的人更愿意质疑而不是无原则地接受，这是低权力距离的重要基础。还要提醒一点，这里所谈的个人主义不是指个人英雄主义。个人主义最基础的东西是把人当作人、尊重个人、追求自由、承担个人责任，这些与一般意义上我们反对的个人英雄主义是不同的。当然，我们也不应该反对真正的个人英雄主义。如果你仔细回味西方大片里宣扬的很多个人英雄主义，你会发现，该人物只有在为了他人的福祉而去奋斗甚至牺牲时，才能成为真正的个人英雄。只为自己的利益去逞英雄或为了逞英雄而逞英雄的人，都不是真正的个人英雄主义者。

维度五：不确定性规避

我们生活在一个不确定的世界中，未来在很大程度上是未知的。不同的社会以不同的方式对这种不确定性做出反应。一些社会使其成员接受这种不确定性，人们或多或少对风险泰然处之。他们能对与自己不同的行为和意见表现出容忍，因为他们并没有感觉到因此而受到了威胁。这样的社会就是低不确定性规避。新加坡、瑞典、丹麦都有很低的不确定性规避。高不确定性规避的社会以成员的高焦虑水平为特征，以不安、压力、进取为证据。在这种社会中，由于人们感觉受到社会中不确定性和模糊性的威胁，因此他们创建机构来提供安全和减少风险。他们的组织可能有更正式的规则，人们对异常的思想和行为缺乏容忍，社会成员趋向于相信绝对真理。在一个高不确定性规避的国家中，其成员表现出较低的工作流动性，终身雇用是一种普遍实行的政策，属于这类的国家有日本、葡萄牙和希腊。

应该说在这个维度上，中国社会的不确定性规避是适中的。在这个维度上，如果以极端低不确定性规避为 0（极其不害怕不确定性），极端高不确定性规避为 100 的话，整个中国社会是 30～50 的水平，龙湖应该也处于 30～50 的水平。需要保持低不确定性规避的一个重要原因是，这是培养高层领导者、培养企业家精神、培养有真才实学的职业经理人的必要环境。如果个人不直接面对市场的不确定性，不为自己的行为负起责任，看不到自己的行为对业务结果的影响，他们就学不到管理市场经济中的一个企业的真才实学，就不会成为独立的主体，就不会成为有企业家精神的职业经理人。如果一个组织走向高不确定性规避，员工就会一味要求公司来保护他们的生活水平和安全，而不是通过承担责任、冒险去创造。组织规模大了，就会有一定的倾向把所有事情都弄得程序化，在那种环境下培养

出来的人会是温室里的花朵。为了得到"规范"的虚名而去规范的做法是缺乏智慧的。

龙湖与这个维度相关的管控点包括：在对有企业家精神的职业经理人的要求中，其所需的一个关键能力就是面对不确定性；反对制度主义，反对为了规范而规范；作为上市公司，我们要主动去符合各种外部监管的条文及精神要求；制定简单、有效但不完美的管理政策，不追求在每项政策上对所有员工、所有业务单元都公平；高潜力员工要去经历新公司开创的环境，不断将高潜力员工轮换到非常不同的新环境中去；集团总部管控时要注意秩序与创造的平衡，要容忍一定程度的创造性所需的混乱；招聘成熟大企业出来的人时要重点考察此维度；不走向高福利体系；鼓励和认可长期服务，但明确反对终身雇用，注重终身可雇用性；对高层人员实行"无功就是过"的绩效态度；不惩罚因冒正常的险而造成的损失；继续提倡建立"好学善变的大公司、小组织"等。

维度六：现代 – 后现代

现代价值观非常注重获取、进取，后现代价值观则注重幸福和自我表达。一般人觉得后现代人缺乏上进心和事业心（一谈到"90后""00后"就一片哀叹声）。对于后现代人，大家更多看到了其负面，觉得他们老是否定、悲观和虚无。实际上这里有些误解。

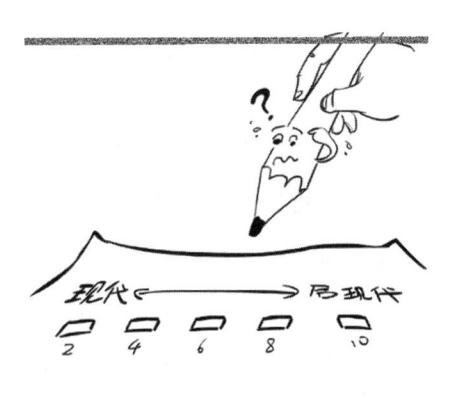

后现代主义否定的不是现代的存在，而是它的霸权，不是它的优点而是它的局限。它欣赏现代化给人们带来的物质及精神的进步，同时又对现代化的负面影响深恶痛绝。具体来说它至少有三个方面的建设性因素：

①后现代主义推崇创造性的活动，推崇创造性的人物与人生；②后现代主义信奉有机论，倡导对世界的关心和爱护，更热爱地球；③后现代主义鼓励多元思维风格，倡导平等，喜欢对话。

用一个例子来阐明，"GDP崇拜"就是太过现代了，就是把发展简单等同于GDP增长，其负面后果非常多。而科学发展观里面就包含了很多后现代的积极内容。对于一个公司来说，有科学发展观也同样重要。单纯地追求销售规模及增长速度是最差的，单纯追求利润虽稍好但也不够，追求市值比追求销售规模、利润更好一些，但也不能成为唯一标准。只有从多个方面平衡地去考虑，才能达到可持续发展。

这个现代–后现代维度，与霍夫斯泰德的另一个衡量文化的维度——生活数量–生活质量有一些相似之处。生活数量–生活质量这一维度最初也叫男性主义–女性主义维度。虽有性别歧视之嫌，但用男性主义与女性主义来描述更容易理解。有的组织的文化强调生活数量，就是男性主义，这种文化的特征是过分自信和物质主义；有的文化强调生活质量，即女性主义；这种文化重视人与人之间的关系，重视品质，对他人的幸福表现出敏感和关心。无疑，如果一个组织非常男性化，其现代性强的可能性就大一些，后现代性强的可能性就小一些。

对于现阶段的龙湖来说，公司在这个维度上肯定是要以现代性为主流的，同时要以开放的心态拥抱后现代精神中的建设性因素。如果不以现代性为主流，我们在追求成为"良币"的过程中，很容易就被"劣币"驱逐，失去追寻这些价值观的机会。在这个维度上，如果以现代极端为0，后现代极端为100的话，龙湖的分位应该在20～50，而整个中国社会在0～70。中国社会因为各地区发展不平衡，所以在这个维度上跨度非常大。如果非要给个均值的话，应该是20～40。与中国社会均值相比，龙湖数值的低点与中国社会均值的低点差不多，但龙湖的高点要高一些，这也能使我们为未来保留变革的先机。

与这个维度相关，需要注意的管控点包括：持续把"爱干活"当作龙湖选人的重要标准；要求每个高层领导都要有部分精力从事直接生产性活动（而不是仅仅做听汇报、做报告、出席各种仪式等间接生产性活动）；不对员工"一刀切"而是有所分别，对管理岗位上的人员要以现代性为主要要求，而对专业技术类人员在现代性的要求上略低一些，对行政类人员的要求就更低一些；仕官生的招聘标准要持续以培养中高层为目标，为其提供一个长期职业发展机会而不仅仅是一份工作；持续招聘应届毕业生，避免公司内出现"现在的年轻人不行"的论调；积极主动地教育既想要发展又想安逸的人，及时让小富即安或不思进取的人离开重要管理岗位，甚至离开公司；提倡平等的讨论及对话（对话的本质并非用一种观点来反对另一种观点，也不是将一种观点强加于另一种观点之上，而是改变双方的观点，达到一种新的境界，真正的对话总是蕴含着一种伙伴关系或合作关系）；招聘年纪较长的员工、从极其规范的企业出来的员工时，要考察其"现代"及"后现代"水平是否适合龙湖；鼓励高层领导与年轻的新员工多接触，了解新生代员工的特点；保护员工论坛上员工自由、匿名发言的权利；在招聘时向潜在员工传递龙湖的偏现代性取向，不要让员工进来后有很大落差；鼓励并认可员工的地域灵活性，在保障薪酬、晋升等方面向通过地域灵活为公司做出贡献的人员倾斜；使用平衡计分卡来综合衡量公司的表现，将客户满意度、重复购买率当作衡量公司绩效的重要指标，而不仅看财务指标；女员工在公司全员的占比要在30%～40%，中高层里有20%以上的女性；提倡工作、发展与生活的三维平衡，而不是狭义的工作与生活的双维平衡；不提倡"工作是为了不工作"的论调；保持务实、简朴的工作作风，反对形式主义及繁文缛节；外部招聘时不招那种觉得自己已经成功不需要再奋斗的人。

以上阐述了龙湖在六个维度上的取向，最后小结一下。

对比国有企业、外资企业，土生土长的民营企业的一个先天优势是，在选择自己的价值观方面有更大的主动性和空间。它可以根据自己的所属行业、竞争环境、发展阶段、业务策略进行价值观的组合，并不断验证其竞争力，不断调整。

一个企业如果能够建立有竞争力的、有机的、集中的社会价值观，也会成为其强大的竞争力。在西方商业教科书中，很少把文化和管理本身当作核心竞争力，但在现时的中国，企业文化本身在产生企业竞争优势方面所起的作用，要远远大于其他主流价值观较统一的商业社会。

龙湖在社会价值观方面的选择与龙湖的商业价值观碰撞、结合在一起，就形成了公司的五个核心价值观：追求卓越、人文精神、企业家精神、信任/共赢、研究精神。龙湖的十大管理原则是这些核心价值观的外延。从龙湖在六个维度所做出的选择来看，龙湖所提倡的主流社会价值观与很多企业的价值观是很不一样的，特别是在权力距离、普遍主义－特殊主义、个人主义－集体主义这几个维度上。这就意味着龙湖文化的独特性以及实行的艰难性。这些选择的出发点不是为了与别人不同，更不是为了孤芳自赏，所有这些社会价值观的选择标准，都是有利于建立一个有竞争力的、永续经营的、卓越的公司。我们同时也要看到希望：看看"90后""00后"，看看他们与父母亲密无间甚至"称兄道弟"的关系，我们就可以知道整个社会的权力距离一定是会降低的；看看现在的父母对子女的教育，就会强烈地感觉到真正的个人主义精神的成长；看看他们参与的志愿者活动、环保活动，我们就会感觉到在无所谓的外表后面那些积极的、现代的因素。所以我们可以说，时间是站在我们这边的，我们完全有理由对我们的选择充满信心，对未来充满信心。

有些人看了之后可能会觉得，这些选择是否就是把龙湖变成了"很美国"的企业？不是的。在几个关键维度上，我们的选择和美国还是很不一样的。比如，在个人主义－集体主义这个维度上，我们达不到美国社会那么强的个人主义程度；在权力距离这个维度上，龙湖也不会像美国社会的权力距离那么低；作为发展中国家中的一个快速发展的企业，我们的现代性水平远强于美国社会。从这几个维度讲，我们的目的不是变成一个美国式企业。

从人员管理、组织管理、文化管理的角度，如何在具体工作中保护、建立这些主流社会价值观呢？实际上这些都不是额外的工作，完全可以和基础的管理工作联系在一起。第一个也是最关键的就是选人，要在选人（外部招聘及内部选任）的时候就选择个人价值观与公司主流社会价值观比较匹配的，这在选择中高层人员时更加关键。第二个就是坚持不懈地宣导：反复宣导；放大典型的小事（这样既能传递信息也不至于伤害人）；文字化公司的导向以提高传播力；将宣导的职责制度化（由中高层管理人员及人力资源人员负责）。第三个就是敢辞，敢于让不适合公司价值观的人员离开，这种离开绝对不是对其能力的否定。第四个是，在每项公司管理政策尤其是涉及员工的政策的制定、沟通、执行中，都要从这些社会价值观维度进行对标。

需要特别说明的是，说主流就意味着有非主流，组织大了必须有一定的包容性。每个人都有自己的信念和价值观体系。另外，我们如果对自己的价值观有信心，就要有一定的耐心去让与我们略有不同的人融入我们的组织。对于非常不同的人，我们可以让其离开这个组织，但不能对其进行否定和迫害。

最后一个重要问题，这些选择对龙湖的员工意味什么？意味着我们与别人不同？意味着我们要付出更多？这些会是可能的结果，但不是我们初始的目的。意味着每个员工收入更高？有可能，因为在这种选择下，公司的劳动生产率会有一定的竞争力，这是高回报的基础。我觉得，有三个方面值得重点一提：第一，它意味着作为一个企业我们可能做得更强、更长，员工工作的平台更可持续；第二，它意味着我们能成为一个现代的公司，员工因为公司越大而越痛苦的可能性大大降低，公司不会变成员工的牢笼；第三，它意味着我们可以为这个社会做出点儿特别贡献——一个可能的卓越组织。

本文还有一个现实价值，就是能够帮助员工更好地理解、看待、应对企业文化的变化。经常会有员工感叹企业文化变了，尤其是服务时间较长的员工。如果不加以沟通引导，很容易降低其对企业的认同感。以下这些简单逻辑可以帮你更好地应对变化。

（1）企业文化可以分为社会价值观及商业价值观两个部分。企业对自身社会价值观的影响较大，社会价值观也可能长期保持稳定。但商业价值观受外界环境影响较大，企业必须先外后内地与时俱进（哪些调整、哪些保持、哪些开始、哪些抛弃）。

（2）龙湖在社会价值观方面，目前有应该坚持不变、发扬光大、防止腐蚀的地方，比如权力距离、普遍主义－特殊主义、中产阶级这三个维度；有尚未牢固但对未来竞争力很重要的领域，如个人主义－集体主义、不确定性规避、现代－后现代这三个维度。龙湖的社会价值观工程尚未完成，员工应秉持一种攻守兼备的心态，而不只是一种守住甚至沉醉于以往做得好的地方的心态。龙湖在社会价值观方面有与众不同的基础，而且是有竞争力的，未来我们会继续与众不同而且会更有竞争力。

（3）在商业价值观方面，和其他任何一个地产公司相比，龙湖都有自己的独特之处（比如，比有些公司更地域聚焦；比有些公司的产品品质更高；比有些公司产品线更长；比有些公司更规范）。但在商业价值观方面，我们不能为了追求与众不同而与众不同。尤其是不能偏狭地以单一维度来把公司分成好公司和不好的公司（比如以产品主义的观点来评判公司的好坏）。商业价值观方面的竞争力必须以公司能否长期生存、发展以及公司价值是否持续不断地提高这些指标来衡量。

（4）目前，公司确实处于新的商业价值观不断成形的过程中。我们最不应该做的就是长期停留于龙湖是否变了的争论中。我们的持续挑战是要及时地、明确地、低成本地让员工及组织了解哪些要调整、哪些要保持、哪些要开始、哪些要抛弃（在社会价值观及商业价值观两个方面）。再进一步的持续挑战是确保客户、潜在客户、投资人、潜在投资人、员工、潜在员工、供应商、潜在供应商、媒体、政府等各利益相关方对于"龙湖是谁，从哪里来，到哪里去"有持续的、基本一致的理解和期望。

本节作者为房晟陶

有真故事的组织才能凝聚高量级的人才

什么是组织？从社会视角看，组织就是故事和信仰，一群人因一个故事和信仰而凝聚在一起。

企业不仅是盈利机器，也是组织，尤其是规模大了之后，其社会性会越来越明显。一个好的企业组织不能只依靠一个逻辑上站得住脚的业务模式。业务模式往往只能满足"脑"和"体"的需要，满足不了心灵的需要。有真故事的业务模式才能成为有魅力的模式，才能吸引和滋养高量级的人才，才能走得远。

故事的成色就反映了企业家及领导者的精神底色及哲学层次，企业家及领导者的精神底色及哲学层次也决定了企业家及企业的成色。

什么是真故事？我用一个简单的公式来促进读者思考：真故事＝因××而自由。中间的××是一个企业家及领导者需要填上的核心词。下面举几个例子。

你的故事可以是"因奋斗而自由"。想一想华为的"以奋斗者为本"以及海底捞的"双手改变命运"，是不是都有点这个感觉？

你的故事可以是"因自愿而自由"或者"因服务而自由"。想一想特蕾莎修女。非营利领域的很多创业者及领导者的精神底色都是这样的。

你的故事可以是"因梦想而自由"。想想阿里巴巴的"让天下没有难做的生意"，是不是有点这个意思？

你的故事也可以是"因自由而自由"。想想谷歌，是不是有这种感觉？

大部分企业的故事都不是单维的。比如我最近接触较多的西贝有这样的提法:"西贝永远不上市,把利分给奋斗者""把利分出去,把爱传出去"。西贝正在塑造的故事就是"因奋斗而自由"+"因爱而自由"。

当然,这个"因××而自由"的公式是过度简化的。我的目的是抛砖引玉,促进读者思考。

要想判断一个企业家或领导者是否有真故事,你就拿这个简单公式去嵌套,看看这个企业家或领导者在长期实践中体现出的实际故事是什么。

有些人的故事不仅不是真故事,而且是邪恶的故事,比如"因可以欺负人而自由"。当然,这并不代表这些故事没有效力,有些欺世盗名的故事也可以"引无数英雄竞折腰"。这类邪恶的故事还远远不如虽然通俗但不邪恶的"因有钱而自由"。我们希望那些邪恶故事尽早崩塌和破产。

有些人的实际故事是"因业绩而自由""因别人认可而自由",这些都是成色不足的故事,难以触动高量级人才的脑,更缺乏触动人心灵的力量。讲这样故事的人,一般在源头上就缺乏安全感和富足感,在智慧上缺乏时间感和空间感。

另外一些人的故事要好得多,比如"因产品而自由""因模式而自由""因技术而自由",这些故事能触动一些高量级人才的脑,但还不足以触动心灵,会在企业发展的某些维度上遇到瓶颈。

从"真故事"这个视角,可以解释企业组织中的很多现象。

比如,为什么创始人交班及传承这么难?业务上、能力上的交班和传承相对还算容易,但是故事非常难以传承。即使一个继任人非常认可创始人的故事,但是因为继任人难以复制创始人的特别经历,继任人与"创始人的故事"之间难以有真正的化学反应和浑然天成的结合,难以"自带流量"。于是,讲的虽然是同一个故事,但故事的效力已经大打折扣。

很多创始人都选择了能够理解和认可其故事的继任人。这种做法凶多吉少,更好的做法是选择一个自己有真故事的继任人。这个继任人的故事要在某个深刻的维度上与创始人的故事高度重合，但在其他维度上非常不同。同时，继任人的新故事要有一些触动创始人心灵的力量，不然，继任人也很难长期得到创始人的信任。

再如，一个企业为什么长期难以形成"真高管团队"？一个重要的原因就是企业家及企业没有真故事，故事和信仰是人的根本需求。高量级的人才会对故事及信仰有更苛刻的要求，他们会"逐水而居"。

怎样才能有真故事呢？我虽然对于真故事本身有个"神奇公式"——真故事＝因××而自由，但是，对于如何产生真故事，我目前还没有什么绝招和秘方。不过，有一点我非常肯定：真故事是实践和修炼出来的，不是花几天时间共创一下使命、愿景、价值观就可以有的。真故事是有生命力和魅力的，一接近它，你就会感受到它，虽然在大部分情况下你无法描述它。

真故事是个奢侈品。对于大部分人来说，在滚滚红尘之中，都无法有真故事。从某种程度上讲，故事就像是生命，生命就是个故事。企业破产了，还能从头再来，但是，故事破产了，生命在某种意义上就结束了。

本节作者为房晟陶

你的公司有没有打动心灵的组织愿景

很多公司的愿景实际上就是一个字：大。

换个美化一些的说法，很多公司的愿景实际上就是"独角兽"或者"市值千亿"。

如果能达成这样的目标，确实能给创始团队成员、投资人、部分高管带来高峰体验，也会给员工带来一定的自豪感。

不过，这种体验经常是短暂和小范围的。

愿景的一个作用是为这个公司定义"什么是成功"。"独角兽"和"市值千亿"对于给组织提供一个短期的、清晰的目标很有力量，但它对成功的定义还不够丰富。"独角兽"和"市值千亿"与客户、员工、社会缺乏深入的心灵联系。

很多人还没有意识到，对于绝大部分人来说，"怎么活着"比"活成什么样子"更重要。

优秀文化的实质不是鼓励员工拿命换钱。企业存在的目的不只是为了证明创始人很牛。那种能够"出人头地"的"成功者"在人群中永远都是少数，在任何一个社会、组织中都是如此。

绝大部分人在日复一日的重复性工作中需要意义感。意义感就是灰暗与混乱的现实中的那一束光，也是冰冷和无奈中的那一丝温暖。

他们，更准确地说是"我们"，已经成熟到不期望每天都能阳光灿烂，我们只需要偶尔有一丝温暖、一束光，那一丝一束让我们感受到意义的温暖和光。温暖就是心，光就是灵，我们需要一些触动心灵的东西，让我们感觉到自己也是"主角"，而不仅是"嫁衣"和"尘埃"。

一个好的公司愿景里，除了规模、市值目标，还至少要考虑这样一个关键问题：你是否能为员工和社会贡献一个优秀的组织？

对这个问题的回答，就是为绝大部分员工提供意义感的关键；对这个问题的回答，就是公司的组织愿景的核心部分。

你的公司有组织愿景吗？或者更准确地说，你的公司愿景里有组织部分吗？

阿里巴巴的 2019 年 9 月 10 日之前的愿景里有三句话：分享数据的第一平台；幸福指数最高的企业；活 102 年。其中"幸福指数最高的企业"以及"活 102 年"就是公司愿景中的组织部分或者说组织愿景。

腾讯上一版的使命是"通过互联网服务提升人类生活品质"，上一版的愿景是"成为最受尊重的互联网企业"，使命和愿景都比较平实。腾讯新一版的使命和愿景——"科技向善"，在回答组织愿景这个问题上，比起上一版的使命和愿景就向前走了一步。

龙湖的使命和愿景是："为客户提供优质的产品和服务并影响他们的行为。在此过程中，成为卓越的企业并创造机会。"这其中的"创造机会"重点指为员工创造机会，也是直指组织愿景；"卓越"二字也包含了在员工及社会维度方面的组织愿景。

西贝的使命是"创造喜悦人生"。"喜悦"既包括客户的喜悦，也包括员工的喜悦，"喜悦"二字包含了丰富的组织愿景成分。另外，西贝的领导力要求即"好汉精神"中，也有"把爱传出去，把利分出去"这样的组织愿景成分。

这些公司愿景中的组织部分，纯粹从理性的角度、工具主义的角度讲都不是完全必需的，这就是组织愿景的特点。要想让组织愿景有生命力，它必须有作用于心和灵的非理性力量。

组织愿景要回答的实际上是这样一个问题：你想建立一个什么样的

"山巅之城"？组织愿景比偏专业的组织策略更重要。可以说，走心走灵的组织愿景就是走脑走手的组织策略的源头和指南针。

在一个公司里，谁应该为组织愿景负责？

创始人兼 CEO 责无旁贷。因为创始人兼 CEO 就是组织这个产品的首席产品经理。在组织方面肩负着操盘责任的人员（比如 CHO、CPO、HVRP）也会有很大影响力。其他核心领导者不一定有把这事干成的能力，但经常会有让它干不成的能量。

不同创始人在组织愿景上的天赋是非常不一样的，因为每个创始人的基因、成长经历都不一样，致使价值观及组织想象也都非常不一样。有些人在创业初期就能在组织愿景方面有所思考并付诸实施，比如他们绝对不允许资本把自己推到只论成败的境地；有些人在发展过程中能够后知后觉，不断学习并进化出组织愿景；也有非常多的人只有在组织已经积重难返的时候，才会反省自己在这方面的失策和天赋不够。

每个创始人都有机会，只是不同的人"开悟"的方式不一样。很多创始人在年轻的时候忙着证明自己很牛，甚至认为组织愿景这种事是虚伪、软弱的表现。但其中有一部分人，随着阅历的增长，尤其是在过了不惑之年之后，认识也可能产生质的变化。我们不能武断地评判谁就一定行，谁就肯定不可能，对此我们只能"盖棺定论"。

打动心灵的组织愿景，在当下是优秀文化之共性，在未来是优秀企业的刚需。经济的发展，为现代经济体系中的参与者提供了在工作和组织中追求"意义感"的物质基础；社会的发展，让现代经济体系中的每个人都意识觉醒，追求成为"全人"。没有打动心灵的组织愿景的企业，将在未来的人才争夺中败下阵来。

当然，每个创始人都应该意识到，他们是多么幸运，他们比别人更有机会把自己的组织愿景付诸实践，创作出自己心仪的"山巅之城"。这是一个于自己、于员工、于企业、于社会、于子孙后代都非常有价值的事情。

与此同时，追求意义也是每个创始人的根本需求。愿景不仅是给员工和利益相关方的，也是给创始人自己的。当追求牛的愿望已经得到充分满足之后，一个包含了组织愿景的公司愿景，是公司进一步发展、创始人进一步成长的刚需。

我愿，我能，我们一起。希望每个创业者都能找到打动自己、打动员工、打动利益相关方的组织愿景。

本节作者为房晟陶

第6章
· CHAPTER 6 ·

HR 与组织

HR 必须懂业务吗？这件事得有三个前提

我认为"HR 必须懂业务"这件事至少得有三个前提。

第一个前提是，业务高、中层得自己先多懂点儿业务。

业务高、中层自己都不太懂业务，却希望 HR 懂业务，这个要求就没有什么价值，而且，业务高、中层都不太懂，HR 想懂也没人能教。更有甚者，有些公司连要做哪方面的业务都没想清楚就要求 HR 懂业务！

有些业务高、中层会反驳说："我整天都在做业务，你怎么能说我不懂业务呢？"

我还整天都在坐飞机呢，难道这就意味着我懂飞机了？这个类比虽然有点儿抬杠的意味，但是话粗理不粗。

很多业务高、中层懂业务的程度是严重不够的。很多高层久疏战阵，手感早就没了。即使还自认为懂，很多人懂的也是过去那个粗放式发展阶段的业务。那种懂的程度，不仅不能叫懂，在新的发展阶段甚至是公司发展的障碍。

如果懂的话，你能否把公司的运营系统建立起来？那样的话，公司的高、中层就不用整天忙着"救火"，就能有时间把组织工作列上日程了。

如果懂，你能否创建出属于你们公司独特的 KPI？总是停留在销售额和利润这种表层的、谁都会说的指标上，你是真懂业务吗？

如果真懂业务，你会说不清楚公司业务需要有什么特质的人才吗？

业务高、中层深入懂业务，组织问题就已经少了一半了。

第二个前提是，让业务高、中层先多懂点儿组织，再让 HR 去懂点儿业务。

业务高、中层不懂组织造成的损失远比 HR 不懂业务造成的损失大。

实际上，企业绝大部分的组织问题都是由这些不懂组织的"伪高管"造成的。业务高、中层懂点儿组织，基本上就轮不到 HR 有什么事情了。

你以为你能拢住一帮兄弟你就是懂人才、懂团队了？那就是个团伙而已，而且还是"藩镇割据"的前奏。

你以为搞点儿使命必达的活动就是懂文化了？行，反正你说什么是文化什么就是文化。

绝大部分公司的领导团队都无法在组织方面进行高效的讨论。一个平均智商在 120 的领导团队在组织方面可以迅速降到平均智商 90，原因就是大家不太懂组织。

领导层在组织方面就这个水平，让 HR 去懂业务能有多大作用？关键的组织决定有哪个是由 HR 单独做出的？

投资于高、中层的组织管理能力的回报率远远高于让 HR 去懂业务。

老板们，做人要精明一点儿啊。

第三个前提是，让 HR 自己多研究点儿组织。

很多公司所说的 HR 懂业务，充其量也就是了解点儿基本的业务场景、一级和二级流程顺序以及常用的业务词汇。在我看来，那不是真正懂业务。

HR 不去钻研人才、团队、文化、系统、变革这些组织专业议题，那就是有点儿不务正业，不钻研自己的业务。

很多 HR 不懂专业的程度也是非常严重的，干了十几年，最后也就是发展了点儿协调沟通的能力而已，生生地把一项专业含量很高的工作做成了玄学和宫廷政治学。

HR 不懂专业，即使了解了业务，又能有什么专业手段去帮助业务呢？难道是为了了解之后更愉快地交流吗？做人能不能讲点儿专业啊？

这样的 HR，把他们直接调去做业务不就得了吗？人力资源部也就顺便降级为二级部门了。

可以说，不愿意研究组织的 HR 也是非常欢迎"HR 必须懂业务"这样的口号的，因为这可能会解决他们认为 HR 没有什么职业前途和"钱途"的问题。

以上这三个方面，我认为就是"HR 必须懂业务"的前提。

"HR 必须懂业务"这个口号特别具有大义凛然感、真知灼见感。如果你的公司真的已经发展到了"HR 不懂业务"是主要矛盾的阶段，那么恭喜你，你们公司在组织方面真的已经非常高级了。不过，我敢说，大多数公司都不是这样的。大部分公司在这三个前提方面都还有很大差距。

实际上，很多领导也都知道这个道理。

可是领导们为什么还是一味要求"HR 必须懂业务"呢？

一个原因就是这个口号"肯定不会错"。这个必须懂业务的要求不仅可以用在 HR 身上，还可以用在所有其他中后台及职能部门身上。

另外一个重要的原因就是，一部分领导想给组织问题找点儿"背锅侠"：组织有问题是因为 HR 不行，HR 不行是因为他们不懂业务。看似证据链完整，实际上只是自圆其说，根本上是逃避责任。不过，领导权力大，又说得那么"义正词严"，让人怎么反驳呢？

看到这里，有些人会说：你说别人是错的，那你说该怎么办？难道 HR 就不需要懂业务吗？他们就整天坐在办公室里聊天吗？要 HR 有什么用啊？

当然不是。我的观点如下。

第一，让业务高层（含创始人兼 CEO）懂组织远比让 HR 懂业务重要。投资在业务高层的组织管理能力上是一个回报率很高的投资。业务中层还不需要达到管理组织的水平，但是要学会管理人才和团队，并有组织意识。业务高层必须能够管理组织这件事情里的其他三个关键要素（除了人才和团队之外）：文化、系统、变革。

第二，HR高层及人力资源专业中心（HRCOE）的人员必须懂组织，要把它当作一个专业来研究。在自己懂组织的基础上，HR高层及HRCOE的人员要让业务高、中层更多地懂组织，让业务中层懂人才和团队。

第三，在业务上，HR高层以及HRCOE的人员必须懂得发展战略、竞争战略、运营战略的大逻辑。了解这些大逻辑对于HR高层构建与之匹配的组织策略非常重要，对于HRCOE的建议出组织干涉动作也非常重要。业务单元的人力资源业务伙伴（HRBP）要对运营战略及运营一级和二级流程有充分了解。从这个角度说，HRBP完全可以由业务人员转型来做。对于共享服务中心（HRSSC）的人员来说，深入了解共享服务是最关键的，因为这些服务本身就是"业务"正常运营的一部分。

综合来说，如果没有前面谈到的三个前提，HR想懂业务也懂不了。即使看似懂了，价值也不大。片面、孤立地要求"HR必须懂业务"背后的底层逻辑就是把业务和组织分开甚至对立来看。殊不知，组织和业务是你中有我、我中有你的关系。

本节作者为房晟陶

人力资源部要不要改名？切忌换汤不换药

人力资源部需要改名吗？对人力资源这个职能没有长期实践及深厚感情的旁观者，很容易说出"拆了它"这种话。大权在握的老板们，容易只从公司考虑而忽视员工及人力资源工作者的需求。

我认为要不要改名要从以下三个方面考虑：①现有名是不是有问题？比如，是否会产生严重误导？是否名不副实？②新的名称是不是就好？比如，它是否能解决现有问题？是否会创造更多、更大的问题？③名称改变之后，人力资源的职能定位、工作内容及工作方式有没有实质变化？不能充分考虑这三点，改名就是文字游戏，没什么实际价值。

基于上述三个方面的考虑，我的总体结论是：改名未尝不可，值得探索。事实上，很多中国民营企业已经开始了这样的探索和实践，一股改名潮已经隐隐袭来。

为什么改名值得尝试，我得从头说起。

我的实践与感悟

我对人力资源职能的理解是在宝洁工作期间奠定基础的。1995年我大学一毕业就加入了宝洁从事人力资源工作。那时，即使宝洁这种出身美国的世界100强企业，从人事（personnel）改为人力资源也没有几年。具体来说，中国宝洁是在1993年将人事发展部改成人力资源部的。在那个阶段，宝洁对于人力资源该干什么、怎么干的认识也在不断进化。对于初入职场的我来说，更是在努力探索人力资源这个职能的定位。

对我产生了重大影响的一本书是戴维·尤里奇的《人力资源转型：为

组织创造价值和达成成果》。这本书是1996年年底时任宝洁大中华区人力资源总监的南穆海推荐给我的。南穆海先生是一个能力非常强而且非常有个人魅力的人，十几年后他担任了宝洁全球首席人力资源官。尤里奇教授在《人力资源转型：为组织创造价值和达成成果》这本书中所描述的四角色模型——人力资源人员要成为变革推动者、战略合作伙伴、HR效率专家、员工支持者，对当时年轻的、在外企工作的我有着很重大的指导意义。

离开宝洁，我去上了一年MBA。2002年之后，我开始给民营企业做人力资源管理方面的咨询。绝大部分民营企业的人力资源管理状态与四角色思维的描述有比较大的差距。在用四角色框架沟通人力资源应该干什么的时候，客户的感受更多是不明觉厉，但很难产生真正的对话。不过，我当时还是倾向于相信四角色框架是普适的。但我已经开始隐约有点儿觉得这个思维框架在应用层面需要与中国国情相结合。

我在龙湖集团（一个彻底的民营企业）实践的这段时间，既是我进一步实践和验证这个四角色框架的时期，也是我初步形成自己的人力资源管理方法论的时期。在龙湖集团工作初期（2004～2007年），"人"的工作确实占主要部分。2008年以后，占据我主要精力的逐渐就不是"人事"了。"人事"主要指建立能力标准、重整招聘流程及渠道、中高层人员的入职引导、开发及讲授培训、人力资源团队发展等。

到2009年，组织、文化方面的工作已经远远多于"人事"了。哪些不是典型的"人事"呢？使命/愿景/价值观的迭代、沟通及赋能、集团总部的组织设置、总部与分部的关系设置、基本业务单元组织发展规律的研究总结（比如一个地区公司的组织发展规律）、参与上市筹备、制订股权激励计划、董事会的丰富、核心高管人员的进出、CEO的更迭等。当然，还要有大量时间花在各种会议上（办公会、年会/半年会、预算会、务虚会及战略会等）。这里要注意，很多人认为核心高管人员的进出及 CEO 的更迭是"人事"。不是的，一个核心高管进入公司，能否融入及发挥作用，只有一小部分是"人事"，更多是战略、组织、文化的事。

到 2009 年的时候，在有了差不多十四年的人力资源实践经验且在任职一个独立公司的人力资源一把手大约四年之后，我对人力资源的职能定位有了自己相对固化的总结：**我们管理组织的能力及气质，以帮助公司取得一个个阶段性的胜利**。这个时候，"组织"这个词已经出现，并占据了重要位置。

这种人力资源职能定位与尤里奇教授的四角色框架是什么关系呢？我那时的体会是，四角色框架对人力资源人员的角色感是非常有指导意义的，**但这个思维框架更像是人力资源专业人士自己内部的语言，是人力资源专家教育人力资源工作者的思维框架，而不是人力资源人员与客户之间的沟通语言**。

如果我要向创始人兼 CEO 及其他高管解释人力资源是干什么的，用这个四角色的框架容易把他们搞得一头雾水。我如果说"我们是战略合作伙伴、变革推动者，还是 HR 效率专家及员工支持者"，他们接着就会问"那你们究竟是负责什么的"，你要是再接着说"四种角色合起来就是一句话，我们就是战略性业务伙伴"。他们就会再接着问"**你们究竟是负责什么的战略性业务伙伴？管人的？人都是我们在管啊**"。

再往后到 2010 年、2011 年，我越来越感到，用"人力资源管理"来描述我的工作和定位，以及指导我的团队工作已经不太准确及有效，甚至谁要是说我是个人力资源人员，我都有点儿隐隐的不悦。不过，因为我当时的职务是执行董事兼首席人力资源官，所以我把这种不悦更多归结为是他们不理解我在组织里的人力资源之外的一些角色，而不是"人力资源"这几个字本身可能就有局限。

总结、反思与质疑

从 2012 年 5 月我退出龙湖董事会一直到 2017 年，是我不断反思过去的经历并试图提炼出可以推广的方法论的阶段。在这段时间内，我去哈佛大学神学院读了两年半的书，专业方向是"宗教、伦理和政治"。回来之后，我又花了很多时间在非营利领域，观察和研究公益领域的人员及组织问题。2016 年 9 月在湖畔大学讲了一次课后，时隔四年，2020 年我又与企业有所接触，其中包括很多新经济企业及"80 后"创业者。

2019～2020 年，我再次看到了民营企业人力资源人员及人力资源职能的普遍状态。虽然绝大部分人对人力资源管理理论的理解水平已经远非 2002～2004 年我做咨询的时候可比，但大多数民营企业的人力资源部仍然被用成了"人事行政部"，甚至是"采购及行政部"，采购猎头服务、组织培训课程、选择年会的供应商、制作薪酬报告等。如果让我用一句话来总结民营企业的人力资源部的普遍状态，那就是：承人力资源之名，行人事行政之实，避组织建设之重。人力资源人员的感受则是"不受老板待见，天天'背锅'"。

说实话，我对人力资源职能的这种状态比较"痛心"，并"心疼"人力资源同仁。对于那些主动选择人力资源这个职业的人来说，我相信其中大部分人不会满意于这种工作状态。对于那些被安排到这个职业的人来说，我估计他们大多也难以有太多的职业自豪感，只想着早点儿跳出"火坑"。倒是那些以"工作和生活平衡"为目的进入这一职业的人，心里反而没那么大落差。

当然，我同样也比较同情那些老板。他们也真不知道该怎么处理这个名为"鸡腿"实为"鸡肋"的部门。很多老板都选择把这件事交给一个高管兼管，自己眼不见心不烦。

这种普遍的状态让我再次严肃地反思中国民营企业人力资源职能定位的问题，并且开始质疑人力资源这个职能名称。到了2018年2月初，所有这些观察和反思终于凝结成了一篇25 000字的文章——《组织创业与创作：COO&SO》。这篇文章发表在了"首席组织官"公众号。在这篇文章里，我的核心观点是：**中国民营企业的核心任务不在于人力资源，而在于组织；组织的工作性质也不是管理，而是创业及创作；组织应该成为统领人员及文化的中心工作；建立组织的障碍在于首席组织官的功能缺位以及建立组织系统的能力缺失。**

人力资源管理是个舶来词，这个领域国内熟知的方法和理念多来自美国。但中国人力资源从业人员所面临的挑战与美国同行有很大区别。区别是什么呢？美国的社会及法律环境已经把"组织"这件事的边界大致划定了。美国企业在"如何组织起来"这件事上的难度更低。更具体来说，人的权利、权力制衡等不仅已经有法律保障，也已经成为集体潜意识。这些法律及社会环境对于个体企业如何组织起来有着根本性的影响。

举例来说，你想让我"996"工作？对不起，我是犹太人，从周五太阳落山到周六太阳落山是我们的安息日，不能工作。你强迫我工作？或者，你因为这个不录用我？你可要想好，要知道，招聘的时候如果对此有歧视，可能会被罚几千万美元。再举例来说，允许公民持枪这件事情，对企业如何组织起来就会有根本性的影响。注意：我只是举例而不是支持持枪。

一些中国民营企业有个价值观独特的老板（或几个价值观多元的老板），老板的价值观就是企业的最高意见，于是，人力资源人员的首要挑战就是制约老板及领导层的权力、划定企业与员工的权利边界、在领导层建立共同价值观等这些根本性的组织工作，而那些所谓的人力资源专业工作都是次级的挑战。

另外一个导致中美人力资源同行所面临的挑战存在区别的表象因素是，中国绝大部分民营企业处于创始人阶段，而美国有大量职业经理人管理的企业。美国的跨国公司，即使再大，其在中国的人力资源职能做的事情也更偏执行和改进。但中国的民营企业，即使再小，其人力资源职能要做的也是总部人力资源管理，有大量的规划设计和变革工作。

这两个不同结合起来所导致的区别是根本性的。如果美国的人力资源人员更像专业人士的话，夸张地说，中国民营企业的人力资源人员就有点儿像"社会创业者"。

在这种情况下，我们可以回到本节的主题：对于中国的民营企业来说，"人力资源部"这个名称是不是应该改改呢？

我认为，中国的民营企业发展到现阶段，既需要也完全有条件做点儿"创作"。"人力资源"这个词还远远没成为不可逾越的传统。实际上，国内外很多企业已经开始了这样的探索。谷歌叫人力运营（people operations），爱彼迎叫员工体验（employee experience）；很多中国公司也在探索，开始有"组织部"（主要是管中高层人才）等提法。

有人会说：关键是做什么而不是部门叫什么。我原来也这么想，但是经过这几年的观察思考，我对这个"名"的问题有了不同认识，因为"命名即战略"。试想一下，如果这个部门叫作"组织发展部"，这个名称传递的信息与"人力资源部"给人传递的信息是不是非常不同？客户对你的理解、定位、期望会很不一样。对于选拔什么样的人担任这样一个职能部门的负责人，隐含的标准也很不一样。

举例来说，很多年轻的人力资源人员被问到"你为什么想做人力资源"这个问题的时候，经常性的回答是："我觉得自己很善于与人打交道、沟通能力很强，所以我选择了人力资源。"我着实不太欣赏这种回答，因为这严重误解了人力资源的工作性质及挑战。如果问"你为什么想做组织发展的工作",他们还会这么回答吗?

"人力资源"这四个字太容易让人望文生义,让人觉得"人力资源"就是做"人"的工作。这不仅对人力资源从业者有误导,更重要的是还连带误导了创始人兼CEO。一把手很容易把人力资源管理主要定位为一项"人才选育用留"的工作。但即使把一大群人才放在一起,也可能是个低效的组织啊!结果,创始人兼CEO、人力资源负责人及业务高管联手"谋杀"了一项更重要的工作:"建立组织"及"管理组织能力"。"组织能力"远比"人才"丰富。机器设备、工具以及应用场景越来越多的AI(人工智能),都是组织能力的重要组成部分。"人才"背后的流程、机制、系统也都是组织能力的关键组成部分。

综合起来,我认为,中国民营企业的人力资源工作,更主要是个to B(对群体)的工作,而不是to C(对个人)的工作;更重要是个管"能力"的工作,而不是管"人才"的工作。人力资源部太容易有to C的误导,太容易有只重视"人才"的倾向。所以,改名之事值得尝试。

改成什么新名称及利弊分析

什么样的名称更能反映中国民营企业人力资源工作的实质呢?什么样的名称会更利于人力资源人员与客户的沟通呢?我有几个想法,抛砖引玉。

有些人建议叫组织部[一]。好处是简单明快,有力量感。不好的地方是这个词已经被明确定义,太有权力感,不容易处理与其他部门的关系。另外,组织部自上而下的管控感很强,从员工的角度考虑不够。还有,这个名称会不会吸引来很多权力欲很强的人?不过,要是与所在行业及公司文化比较匹配,也未尝不可尝试。

叫干部部?好处是指向明确。问题是权力感也很强,在读音上也不太

[一] 企业里的人力资源管理部门,是个部门概念,非公权力机关。

顺口，而且它并没有改变人力资源只做"人"的工作的误导。另外，这个名称还有着强烈的"干部"与"工人"双规制的味道，与越来越平的世界如何匹配将是一个挑战，如何与世界接轨也是一个挑战。甚至，这个"干部部"还有点儿封建王朝里面"吏部"的感觉。此外，干部部只是人力资源部原职责之一，人力资源部的其他职责怎么办？

"组织发展部"是另一个不错的候选，但容易和组织发展中心（OD）混淆。现在，很多民营企业的人力资源部也会下设OD。我觉得这种结构不好。在美国企业里，OD更多是做专业技术活儿，但在中国民营企业里，这种专业技术定位事倍功半。关系必须调转过来，组织发展应该是一级职能，传统人力资源工作应该向组织发展工作汇报。

有人会觉得叫组织发展部太没"人味儿"，太倾向于公司了，这种担心有一定道理。那么就可以考虑叫"组织发展及员工体验部"，这样就比较平衡了，缺点是名称有点儿长。有人会更倾向于将"员工体验"放在"组织发展"之前，叫"员工体验及组织发展部"。我更倾向于"组织发展"在前，因为没有好的组织发展，就不会有好的员工体验。

直接就叫"员工体验部"怎么样？我觉得要谨慎。"员工体验"的好处在于可能更适合于新生代的员工、越来越平的世界，可能会更适合于一些比较"前卫"而"年轻"的公司。但你不给我干涉组织发展的责任和权力，却让我来负责员工体验，这就是目前很多人力资源成为"背锅侠"的根本原因。在组织方面还有很多硬伤的情况下，片面强调员工体验，也很容易走向治标不治本以及短期主义的误区。还有，"员工体验"算是一个比较新的词，容易让各方搞不清楚这究竟是什么。

有些公司甚至不太敢把"员工体验"这种词放进去，因为这意味着公司给了员工抱怨公司的合法性。把"员工体验"改成"员工支持"会相对弱化一点。

"员工体验"这个名称的另一个问题是它有明确的边界。那些生态型组织怎么办呢？对于类生态的企业，外部的协同会是一个关键价值点。如果太着重于边界内的员工，会有一点儿局限。

叫"组织发展及人力资源部"或"人力资源及组织发展部"会是一个安全的选择。这两个名称与"人力资源部"的现状会比较容易衔接，各方比较容易理解。人力资源人员会觉得不是被消灭了，而是被扩展了。对于各方来说，变革成本都低一点儿。如果某个企业现在就叫人事行政部，也可以考虑叫"组织人事部"。"组织人事部"这个名称强调了组织，但也容易有"组织部＋人事部"的联想。这三个名称共同的问题是可能对现状妥协过多，容易导致换汤不换药。

组织及人才发展部、组织及文化部、组织创作部等，都可以尝试。但不管叫什么新名称，我都希望新的名称里能够有"组织"二字。我认为，在中国的民营企业里，创始人兼CEO最需要的就是能与其协力建立组织的业务伙伴。含有"组织"二字更能反映这种业务伙伴的实质。

我个人比较倾向于"组织发展及员工体验部"这个名称，但"组织发展部""组织发展及人力资源部"我也能接受。对"组织部"这个名称，我只能做到不反对。

还有另外一件值得探讨的事情。员工体验的事情由内部人员领导明显更合适。组织发展的职能有没有可能由外部力量承担？这样内部依然可以叫人力资源部。很多公司请咨询公司及咨询顾问就是想达到这个目的。如果非全职的资深顾问能以"全职员工的心态"工作，且公司也能有这样的开放边界，也不是不可能。不过，绝大部分顾问及中国民营企业还做不到这个程度。如果发生了，也是个案，短期内难以规模化复制。

实质比名称更重要

如果改成"组织发展及员工体验部",**我建议其职能定位为"管理组织的能力、气质及员工体验,以帮助公司取得一个个阶段性的胜利"**。这个定位在我2009年对人力资源的定位(我们管理组织的能力及气质,以帮助公司取得一个个阶段性的胜利)的基础上有了重要延展:"组织"除了帮助业务取得成功,还是个公共服务产品,其用户是全体成员及利益相关者,所以加上了"员工体验"。

这个名称的首要价值是它很容易回答组织中利益相关者(创始人兼CEO、高管、员工等)的核心问题:你们是负责什么的?**我们就是负责组织效能(能力、气质)及员工体验的**。每个高管都可以把自己的人员管理得不错,但整个公司可能还是个低效的组织。每个部分都有自己的气质,但整个公司可能是相互抵消的气质。公司在经济指标上很有竞争力,但员工的体验很一般,这种情况也容易发生。综合来讲,这个"组织发展及员工体验部"的名称平衡了各个方面的诉求,而且有独立存在的基础。

"组织发展及员工体验部"的这种定位也并不否定尤里奇的四角色模型。简单来说,组织发展就是"战略合作伙伴+变革推动者";员工体验就是"HR效率专家+员工支持者"。这种名称的改变更直接地传递了人力资源人员的定位、价值及工作内容。很多优秀的公司及优秀的人力资源人员实际上已经在这么做了。这一点也很重要,因为这意味着这个名称是有实践作为基础的,而不是想象出来的,不是无源之水。

有人会疑惑:你为什么老是翻来覆去提到尤里奇的四角色模型?是不是陷进去出不来了?不是的。组织这种事情,每个人都觉得自己挺懂,所以容易突发奇想就来个"颠覆式创新"。实际上,当你觉得自己在组织上进行着颠覆式创新的时候,你多半是在重复前人已经犯过的错误或是旧瓶装新酒。从人力资源部到"组织发展及员工体验部",不是颠覆式创新,而仅仅是持续改进而已。四角色模型的实质仍然有很强的指导意义,很多公司的人力资源部都离这个描述还差着十万八千里。

在有了"组织发展及员工体验"这个定位之后,对人力资源人员的能力、工作内容、工作方式都会产生一些新的需求。建组织需要什么能力和心态?我总结有三大项:**系统能力、法治精神、变革艺术**。这三个能力和心态都是偏宏观的能力,需要更多从一些宏观学科汲取营养,比如政治学、社会学、宗教学、公共管理学、系统工程学等。原来"人力资源"这个名称,比较容易引导人力资源人员去学习心理学等偏微观的学科。当然,在新的名称之下,那些偏微观的能力仍然很需要。

更具体来说,三大能力中的系统能力,即建立组织系统的能力,将是一个核心挑战。人力资源人员尤其是人力资源一把手的工作内容必须从招聘、培训、薪酬福利、HRBP等这些"器官级"的工作升级迭代为"系统级"工作。关于组织系统的概念及有哪些组织系统,请参见本书第2章的"组织系统:用'系统之眼'看组织"。

在新的能力及心态要求下,短期内,很多现有人力资源人员会受到很大冲击。不过,现有典型的人力资源技能在"员工体验"这个部分仍然有很大的用武之地。所以,现有人力资源人员还有一段时间去学习转变心态和提高能力。长期来说,这种变化将给人力资源人员带来更多的价值创造空间,会使更多的人力资源人员可能在公司的核心决策层中占有一席之地。如果不能实现这样的升级迭代,人力资源部会越来越多地成为一个二级职能、成为一个"鸡肋"职能、成为一个"老弱病残"聚集地。这种事情实际已经在很多公司中发生了。

在这种新的定位之下,创始人兼CEO与人力资源人员之间的关系也要发生变化。"组织发展"这种工作是很有意思的。这种有意思的好事,很多创始人兼 CEO 不会轻易撒手。在新的定位之下，两者必须学会分享责任与权力，以组织合伙人的心态相互配合，共同实现"首席组织官"的功能，共同进行组织的创业及创作。这个"组织发展及员工体验部"的负责人如果做得好、贡献大，企业也应该考虑设置首席组织官这个岗位。这个首席组织官与首席运营官一样重要，而且更难培养。这样的首席组织官岗位将是首席执行官发展路径上的重要一环：很多在业务上很厉害的高管，如果能在首席组织官这个位置上再历练一下，则可能成为超强的首席执行官。

最后，我必须再次强调，不管改不改名，改成什么名，**实质必须重于名称**。即使沿用"人力资源部"这个名称但做了很多组织发展的事，也远比改称"组织发展及员工体验部"但不干组织发展的事好得多。不然的话，我们就是在重蹈名为"人力资源部"实为"人事行政部"的覆辙。

本节作者为房晟陶

没有组织思想和组织方法论，业务高管来管 HR 也会"命运多舛"

这里所说的"业务高管"只是个粗略讲法，更准确地讲应该是非 HR 背景的高管，他们的经历可能包括业务以及其他职能（比如战略、运营、法律、财务等）。

很多企业会选择让非 HR 出身的高管转岗管 HR，或者兼管 HR。这种做法已经不是什么新鲜事。这么做的原因有多种：内部培养不起来可以做 HR 一把手的人；外部引入的 HR 一把手经常折戟沉沙；把 HR 一把手岗位作为培养人的一个轮岗岗位；现有 HR 一把手基本面做得还可以，但缺乏战略视角及系统能力，难与创始人兼 CEO 同频；某个"老同志"或"特殊同志"没有合适的岗位安排；现有 HR 负责人太年轻；创始人兼 CEO 要管的人太多，想减少直接汇报对象等。

业务高管来管 HR 或者兼管 HR 的劣势显而易见：对 HR 这件事不一定有兴趣，有很多是被赶鸭子上架，因而学习意愿不太强，对 HR 工作容易是个过客心态；没有长期的实操经验，缺乏专业性和"手感"，容易低估这个工作的难度，也难以给 HR 下属提供具体的指导；容易惯性地用适合原来那个业务的方式来管理 HR；有些被调来的"老同志"的学习能力退化、心态不够开放；如果在公司内服务时间比较长，在组织方面很容易缺乏外部视角；如果是兼管，难以全职投入 HR 这个非常耗时的职能；难以吸引高能级的 HR 人员（高能级的 HR 人员一般会更愿意向 CEO 直接汇报工作）等。

业务高管来管 HR 也有一些可能的、因人而异的优势：他们可能与创始人兼 CEO 有过较长时间的合作关系，因而更了解创始人兼 CEO，甚至可以更有效地影响创始人兼 CEO；他们可能已经是公司核心领导团队的一员，在公司内已经有广泛的威信和影响力（当然，很多时候，创始人兼 CEO 顶多调一个管理者而不是核心高管来干这件事。如果是这样，管理者级的影响力对这个工作的帮助极其有限）；他们对于 HR 应该干什么、不应该干什么没有思维定式；他们曾经管过某部分业务，对公司业务可能有更深入的了解；如果他们在公司内服务的时间比较长且有过历史业绩，心理上更容易有安全感，不会担心"被炒掉"等。

在这些优势中，前几个因人而异，可以称得上是普遍优势的是这几个：①对于 HR 应该干什么、不应该干什么没有思维定式；②对公司业务更了解；③心理安全感更强。其中②和③，对比一个外招、空降的专业 HR 高管来说会是一个巨大的优势。

不过，我认为"对公司业务更了解""心理安全感更强"这两个优势只是给了这个业务高管多一点儿时间而已。这两点并不能确保这个高管能增加价值、改变现状。

决定这个来管 HR 的业务高管成功与否的，还是其对自身角色的定位以及因此而决定做什么不同的事。

一个业务高管来管 HR，如果直接就接受 HR 应该做那些六模块、三支柱工作是非常可惜的。这种做法完全没有重新定义任务和价值，也没有扬长避短。如果创始人兼 CEO 在调派的时候也这么期望，这种安排要么就是个饮鸩止渴的短期行为，要么就是个自欺欺人的鸵鸟战术。过个一年半载，这些业务高管 HR 的"命运"不会比那些专业 HR 高管好多少，顶多也就是因为自己资格老而不会被辞退。最后，这种安排可能得不偿失：少了一个不错的业务高管，HR 这个职能也做不起来，管 HR 的这个业务高管也逐渐充满了怨气。

不管是什么出身（HR 还是非 HR），如何定义自己的角色和任务都是个关键问题。在这一点上，一个非 HR 出身的高管应该充分利用"对于 HR 应该干什么、不应该干什么没有思维定式"这个优势。一个专业出身的 HR 很容易陷入自己的思维定式、自说自话，认为 HR 就是应该用三支柱的方法做那些六模块的事情，然后有任何问题就都是老板的问题、公司的问题。

如何定义自己的角色、任务呢？要回答这个问题，必须要有组织思想及组织方法论。

什么是组织思想及组织方法论？下面我抛砖引玉，介绍一下我们的组织思想和组织方法论。组织思想要回答的问题是：**什么是企业组织？**

我们会从四个角度去定义企业组织：政治角度（组织是权力关系及强制）、经济角度（组织就是增值及效率）、社会角度（组织是个故事及信仰）、工程角度（组织是个系统集成）。综合来说，我对"企业组织"的定义是：为实现特定目的而**人为创建的社会系统**。这个定义强调了组织的社会性、组织的工程性（人为 + 系统），也涉及了一点儿组织的政治性（人为）。这个框架没有特别强调组织的经济性，因为这是每个企业都不大容易忽略的。组织的社会性、工程性、政治性这几个方面不太受企业所处行业的影响。

组织方法论要回答的是：**如何建立或迭代一个企业组织？**

我们的核心方法论就是"组织创业及创作"。图 2-1 就是"建立或迭代组织的方法论"的示意图。这个图由六个部分组成：首席组织官（COO）、组织模型、组织系统、组织策略、创业精神及创作能力、变革艺术。这六个方面都是"组织创业及创作"需要做的关键事情。

简单而言，这是个关于"建立或迭代组织的方法论"，而不是关于组织管理或者组织发展的技巧。这个方法论认为"建立或迭代组织"首先是个"创业及创作"工作,而不仅是个专业工作。这个方法论更适合于需要实现"从团伙到组织的蜕变"或者"升级迭代"的民营企业,而不适合于那些组织已经非常成熟,只需要不时维护保养的情况。

在这个"建立或迭代组织的方法论"里,人力资源这个职能体现在哪里呢?

人力资源的大部分工作,如招聘、培训发展、薪酬福利、绩效管理、员工关系,基本都在"组织系统"这个柱子里,但这些模块工作本身并不能构成独立的系统,它们只是系统的一部分。比如,招聘、培训发展就是"人才选育用留系统"的要素/部件,或者说是"器官",只靠招聘、培训发展这两个关键要素/部件根本实现不了"人才选育用留系统"的功能及目标。

同时,一个企业有很多组织系统,很多其他重要的组织系统都是传统的人力资源模块工作难以深入涉及的。这些重要的组织系统包括战略协同系统、组织结构及决策系统、组织进化更新系统、信息及数据系统、知识进步及技术创新系统等。好的企业会设置"组织发展"这个模块,意图也是想在这些系统方面做出贡献,但做得好的"组织发展"还比较少见。关于组织系统及不同组织系统的功能及目标,请参见本书第2章的"组织系统:用'系统之眼'看组织"。

如果人力资源只能在小部分组织系统方面做出点状的、"器官"级的贡献,则人力资源职能对于"建立或迭代组织"这件刚需大事的贡献非常有限。换句话说,人力资源的那些传统工作任务支撑不起来一个真正的职能。

要真正成为一个重要的职能,人力资源部以及人力资源一把手必须实质性地贡献于"建立或迭代组织"这个企业不可或缺的功能。要贡献于"建立或迭代组织"这个功能,人力资源人员必须具有组织思想及组织方法论：关于一帮人如何才能高效地组织起来的思想及方法论。有了组织思想和组织方法论，才更可能有来自思想、价值观、情感、专业的影响力。影响谁呢？创始人兼CEO、核心领导团队、广大员工以及人力资源团队。具体来说，影响力体现在以下这些方面。

- 能否理解、外化、影响创始人兼CEO的价值观及组织想象？
- 能否理解、影响、协调领导团队成员的价值观及组织想象的不同及冲突？
- 能否从创始人兼CEO那里获得一部分"思想权"的让渡？
- 能否让核心领导团队成员愿意让渡一部分"组织权"？
- 能否与创始人兼CEO及其他核心领导团队成员形成伙伴关系，共同制定组织策略？
- 能否既得到领导团队的信任也得到员工群体的信任？
- 能否在变革中起到中流砥柱的作用？
- 能否激发中高层人员的组织创业精神以及创作能力？

当然，所有这些影响力的基础都是人力资源人员本身的创业精神及创作能力，以及人力资源人员本身的价值观及组织想象。这两点也是对人力资源人员的最大挑战。偏偏在这两点上，人力资源专业出身的人，在很多情况下，都没有优势。

这也可以部分解释为什么很多企业都把业务高管调来管HR或者兼管HR。

如果以这个"建立或迭代组织的方法论"为衡量方式的话，一个业务高管出身的人来参与"建立或迭代组织"这件事，对比一个专业出身的HR，在不同要素上各有优劣势。具体来说：

- 在"创业精神及创作能力"这个要素上，业务高管出身的人经常是有优势的。这一点经常是专业出身的 HR 的致命弱点。专业 HR 更容易自我定位为"专业人士"而不是创业人员。

- 如果一个业务高管曾经在其所辖的业务领域建立或迭代过系统,则这个业务高管的"系统能力"是可以移植到"组织系统"这个要素的。
- 如果一个业务高管曾经负责过其所辖业务的竞争策略、运营策略,则这个业务高管在"策略"上很可能是有感觉和经验的。再加上这个业务高管对公司业务的了解可能更多更深,在"组织策略"这个要素上,这个业务高管是可能有优势的。
- 如果这个业务高管曾经管理过一个大的组织,那么他对于管理变革一定有经验及体会。人力资源职能一般人比较少,所以在实际管理文化及变革这些方面的强度一般不如业务高管。但是,专业出身的 HR 一般在变革管理的理念上更重视、更尊重变革管理的基本套路。
- 在组织系统这个要素上,专业出身的 HR 在几个组织系统(如人才选育用留系统、激励及全面回报系统、绩效管理系统等)的"器官"层面是有优势的(比如如何进行招聘甄选、如何开发课程、如何设计薪酬结构等)。但在另外一些同等重要的组织系统上,比如战略协同系统、组织结构及决策系统、信息及数据系统、知识进步及技术创新系统等,业务高管至少没有劣势。
- 在组织模型这个要素上,一个专业出身的 HR 一般会有一点儿优势,因为他们在长期的 HR 工作中,更容易接触到这些。但如果这个公司已经有了选定的组织模型并广泛应用,则业务高管在这个维度上的劣势会被抹平。
- 在价值观和组织想象上,业务高管普遍来说对价值观没有专业出身的HR敏感，但相对来说更容易平衡价值观和业务结果。如果业务高管只是善于听命于创始人兼CEO，则在价值观方面，业务高管可能有致命的劣势。另外，无论是业务出身还是专业HR出身，价值观这件事情还是比较个人化的。谁能更有思想、价值观、情感方面的影响力，主要看个人的长期积累，与其是业务出身还是专业HR出身并没有必然联系。

- 在首席组织官这个维度上，两者就更各有千秋了。这一点是非常因人而异的，同时也非常依赖于创始人兼CEO是什么样的人，跟谁更能对上眼。能否理解、外化、影响创始人兼CEO的价值观及组织想象？能否理解、影响、协调领导团队成员的价值观及组织想象的不同及冲突？能否让核心领导团队成员愿意让渡一部分"组织权"？能否从创始人兼CEO那里获得一部分"思想权"的让渡？在这些问题上，无论是专业出身的HR还是业务高管，谁都没有天然的优势。

综合来说，一个业务高管转岗来管HR，如果能把自己的角色置于"建立或迭代组织"这个定位下，完全没有劣势，甚至是有优势的。但是，如果这个业务高管只把自己的角色定位为做HR，也就是只着重于少数几个组织系统（人才选育用留、绩效管理、全面薪酬等）的"器官"级工作，凭着自己"对公司业务更了解""心理安全感更强"的优势来做那些事情，那么用不了多长时间，原来那个专业出身的HR所面临的各种"命运多舛"也都会降临到这个从业务高管转岗来管HR的人身上。

从策略上来说，一个业务高管转岗来做HR或者管HR必须首先通过做不同的事情来立足，而不是想着做同样的事情但要比原来的HR做得好。如果这么想，也是对HR专业性的轻视：人家已经积累了那么多年，你半年之后就能比别人做得好？

没有组织思想及组织方法论，业务高管来管 HR 也会"命运多舛"。这个现象也反映了组织作为一个复杂、有机的系统的特点：在部件和"器官"层面，你可以很快做出很多改变（比如，让一个业务高管来管 HR），感觉上非常动态，但是宏观上这个系统会非常稳定。没有重新定位角色、任务，只是换一下负责人，难以改变一个系统的功能和状态。这一点也是创始人兼 CEO 必须理解的，不然，他在调派一个业务高管去管 HR 的时候，会产生错误的期望甚至幻想，当幻想破灭的时候也容易受伤。创始人兼 CEO 自己在"组织思想及组织方法论"上不学无术的话，很容易赔了夫人又折兵。

本节作者为房晟陶

做好 HR 一号位，需要什么特质

绝大部分的创始人，都想找一个厉害的 HR 一号位。

最简单的办法就是找一个曾经在创业公司证明过的。这种思路本身没有错，就是有点儿难操作。已经在一个创业公司证明过的 HR 一号位，有几个想去另一个创业公司再证明一次呢？而且，与某个公司的创始人特别匹配的 HR 一号位，反而更大概率不会特别匹配另外一个公司的创始人，因为没有两个创始人是一样的。

于是，对于绝大部分创始人来说，找到一个有点儿创业公司经验的"潜力股"就是应做、能做的事情了。

如何找到这样一个"潜力股"？相比"做好 HR 一号位，需要什么经验"，"做好 HR 一号位，需要什么特质"这个问题就更有价值了。如果对这个问题一点儿都不思考就盲目地招聘，以赛代练，成本是很高的。

那么，做好 HR 一号位究竟需要什么特质？

我对这个问题还算是有过长时间的观察、思考、实践、总结和迭代。2004 年的时候，我总结过一版"HR 职能素质能力"。职能素质能力是介于通用素质能力和专业能力之间的一些特质能力。HR 职能素质能力主要回答的一个问题是：要做好人力资源这个工作，需要有什么与其他职能不一样的特质？这一版的总结共有 3 项 HR 职能素质能力：**总经理视角、咨询能力、组织敏锐度**（见表 6-1～表 6-3）。这 3 项 HR 职能素质能力，既是我对自己的要求，也长期指导了我对 HR 人员的选拔、任用、发展的工作。

表 6-1　HR 的职能素质能力——总经理视角

素质名称	总经理视角
素质定义	从总经理的角度全面、高站位地看待公司问题的能力；承担总经理部分综合协调、整合职责的能力
关键行为	・不断加深对公司总体业务流程、职能定位、相互关系和界面的了解 ・注重公司的可持续发展，不断以做强、做长为出发点来思考问题 ・从本职能角度不断评估公司的运作现状以发现影响总体运作效率的短板 ・通过重整流程、引进新方法等来提高企业运营效率 ・充分意识到本职能对于公司长期竞争力的价值，制定具有前瞻性的工作目标 ・能迅速判断什么是当前最关键、最需要解决的问题 ・不仅看内部的运营，还要放开视野看外部环境的发展变化 ・解决公司运作过程中部门/职能之间出现的矛盾 ・通过流程节点的设置及调整来控制运营风险 ・对"目的""效率""风险"保持高度敏感 ・提倡全局观念，主动破除部门、职能壁垒 ・采取措施强化管理团队的团结信任 ・敢于就公司总体经营的隐患问题向总经理提出意见与建议 ・在职责范围内协助各职能、部门进行资源整合
负面行为	・把自己变成了核心业务部门的障碍而不是伙伴 ・成为总经理的秘书而不是参谋 ・在引入流程、方法时过于注重控制，助长官僚主义 ・单纯追求组织内融洽的关系而忽视了企业存在的经济性本质 ・看问题很全却抓不住重点 ・满眼都是问题却没有解决方案

表 6-2　HR 的职能素质能力——咨询能力

素质名称	咨询能力
素质定义	提供可靠的决策信息，通过专业能力和影响能力帮助他人决策，为他人提供解决问题的远见、资源和能力
关键行为	・不断提高专业知识技能的深度及广度 ・通过各种方式向他人传递希望提供帮助的诚意 ・能够以理论为依据，以信息为基础，综合运用智能、技术、信息和经验创造知识产品 ・通过大量的实证工作获得一手信息而非仅仅是二手或三手信息 ・对决策需要什么信息有清晰的了解和把握 ・通过分析每种选择的利弊帮助他人决策而非替他人决策 ・帮助对方总结影响决策的关键因素 ・首先诊断、界定问题，然后提供解决方案 ・激发对方采取行动积极推进方案的实施和操作 ・用通俗易懂的理论、框架来总结自己对事物规律的认知

(续)

素质名称	咨询能力
关键行为	• 能够选用适合对方的表达方式让对方理解解决方案 • 在过程中保持职业化但自然的风格 • 在提供建议前先判断对方的关键需求点 • 注重在开始时向他人介绍程序以提高他人的可控感 • 倾听并迅速归纳对方观点背后的假设和前提 • 提供既具有适度超前性又具有实际可操作性的解决方案 • 区分事情的适合性、可行性与事情本身的正确性 • 向对方提供全面、关键、充分、真实的信息
负面行为	• 忽视对方的主体地位而越俎代庖 • 让人觉得被操纵 • 讲述自己知道的、想说的而不是对方想要的 • 未诊断，先开药 • 在提供专业建议时不注意其适合性 • 提供建议但不激发行动 • 因为建议的正确性而忽视过程的愉悦 • 满足于正确而不是适合、可行 • 附和对方的任何说法 • 把对方正确的决策说成是自己的功劳 • 为对方提供过时的甚至不真实的信息 • 因信息提供的不良记录而信任度降低

表 6-3 HR 的职能素质能力——组织敏锐度

素质名称	组织敏锐度
素质定义	感知个人及组织行为背后观念、态度、动机、矛盾、关系的能力；人际敏感度及政治敏感度
关键行为	• 承认、尊重、关心组织内不同个人或不同单元的不同需求 • 促进个人与组织、局部与整体方向和目标的一致 • 建立工作机制和组织流程，及时发现组织中各种动态、变化、情绪和苗头 • 善于分析和推断现象背后的趋势和规律 • 敏感对待虽小但发出消极信息并可能进一步发展的事件和行为 • 不断对组织现状进行评估，感知士气的变化并分析其成因 • 根据实际行为而非口头表达去判断他人的实际态度 • 注重维护、提高直接上级的责任感和权威性 • 有意识地创造差异并利用差异所带来的势能提升标准 • 意识到组织问题都是综合征而不轻易用单一原因来解释问题 • 对待犯错误的员工，给予其充分的机会申辩 • 倡导和维护简单、直接的人际关系，避免搞政治 • 分析影响管理团队团结的因素并做出改进

(续)

素质名称	组织敏锐度
关键行为	• 意识到人的思想的权变性而以变化的眼光看待人 • 及时消除个别员工的不满情绪 • 注重从组织的不同层级获得信息以对组织有客观的评价 • 帮助矛盾各方看到共同的目的和价值观 • 意识到人的惰性，对于组织所强调的事情反复沟通
负面行为	• 仅把组织看作个人的简单组合 • 由于方式不恰当，奖励员工反而导致孤立了该员工 • 搞政治、拉关系、打小报告 • 对员工需求一刀切地对待、轻信 • 将人员、组织问题过分简单化 • 对组织潜在的变化浑然不觉，依旧按部就班 • 把现象当个案，忽视了事件可能带来的普遍影响

2004 年之后，我再没有系统地迭代过 HR 职能素质能力。后来，我们在总结"陪练顾问"的画像（陪练顾问需要什么样的特别素质能力）时重温了这 3 项素质能力。

在多年之后，回看这 3 项 HR 职能素质能力，它们还有指导意义吗？有什么需要迭代的地方？以下是我的一些总结、反思和迭代，供大家（创始人、想做 HR 一号位的 HR 从业者）参考。

总体来说，我认为这 3 项 HR 职能素质能力仍然是适用的，尤其是对处于从团伙到组织转换期的公司来说。这 3 项能力首先是组织视角、全局视角，而不是首先是个人视角、人际视角。选择这 3 项能力的背后是对这类公司的 HR 工作本质挑战的认知：实现从团伙到组织的蜕变。

当然，确定这 3 项 HR 职能素质能力，其背后还是假设该公司是比较看重 HR 职能的**战略价值**的，HR 职能也是有点儿**专业含量**的。如果该公司对 HR 的理解和定位只是做一些服务型工作，则这 3 项职能素质能力显然就有点儿"自恋"和"自嗨"了。

在 2004 年总结这 3 项 HR 职能素质能力的时候，本意是要适用于所有 HR 管理类人员的。现在回头来看，这 3 项 HR 职能素质能力更适合于

HR 一号位岗位、HR 高层岗。对于中基层 HR 管理人员，这 3 项 HR 职能素质能力的要求有点儿高。对于已经比较成熟的公司的 HR 中基层管理人员来说，这 3 项要求就过高了。中基层 HR 管理人员，达到通用素质能力的要求基本就可以了。

对于偏操作类的 HR 人员，这 3 项 HR 素质能力基本上就不适用了。对于 HR 操作类人员，像效率/条理性、服务精神这样的素质能力更适合。

HR 一号位岗位、HR 高层岗光靠职能素质能力肯定不行，还需要通用素质能力。我当时使用的 5 项通用素质能力（适用于所有职能）为：**尽职敬业及自适应力（主动性）、系统思考及解决问题、协作及领导能力、学习创新能力、沟通影响能力。**

3 项 HR 职能素质能力与 5 项通用素质能力相比，哪个更重要？

- 对于中基层 HR 管理人员来说，HR 职能素质能力的重要性没有通用素质能力高。**大部分中基层 HR 管理人员做不好，首先不是因为职能素质能力不够，即不是因为不具备 HR 职能特质，而是通用素质能力不够。**比如，你都没有系统思考能力，有总经理视角有什么用？只能是把总经理搞得无所适从。

- 对于 HR 高层管理人员来说，职能素质能力的重要性会迅速提高。打个比方，通用素质能力能让你通过海选，但要想进入四分之一决赛、半决赛，职能素质能力就非常关键。当然，在这个层次，还是可以有不同的组合，有些人通用素质能力超强，职能素质能力略弱；有些人职能素质能力超强，但通用素质能力略弱。不同的公司环境能够容纳的"型号"非常不同。

- HR 一号位（比如 CHO）的合作对象主要是所有其他职能的 CXO。每个 CXO 在通用素质能力上都能够达到良好水平，这属于基本功，主要的差异体现在职能素质能力及专业能力上：你会发现每个 CXO 都非常不一样，因为他们的职能素质能力非常不一样。在这个层次，职能素质能力和专业能力会"显得"更重要一些（实质上，通用素质能力仍然非常重要）。

这 3 项职能素质能力需要增加什么吗？尤其对于 HR 一号位来说，有什么缺失吗？

- 对于 HR 一号位来说，我会增加"心力"这一条。"心力"的内涵包括善于处理模糊、混乱及不确定性带来的压力，对人有感情和胸怀，具有创业精神等。对于创业公司的中基层 HR 管理人员来说，也需要相当的"心力"。如果是比较成熟公司的中基层 HR 管理人员，这方面的要求要低得多。
- HR 也是情绪工作者。在公司从团伙到组织的蜕变过程中，HR 一号位非常需要心力：与创始人共谋，共同承受"创业维艰"，主动变革，实现高管团队的迭代更新。
- 增加了"心力"这一条，会改变 HR 一号位与创始人、其他高管之间的关系状态。总经理视角、咨询能力、组织敏锐度这 3 项组合起来，有点儿像"内部咨询顾问"的角色，用脑偏多，有点儿疏远感。
- 加上"心力"，HR 一号位与创始人、其他高管的关系就更像"陪伴"关系。**"陪伴"更能反映这种关系的实质**（尤其是对于处于从团伙到组织转换期的公司来说）。

如果觉得 4 项太多，非得要减少一项，可以减少哪一项？

如果非得减少一项，我可以忍痛割爱，对 HR 一号位降低"咨询能力"的要求。

- 一方面,"咨询能力"这种角色感和能力需要特定的经历(比如外部咨询,或内部 COE)去发展,并不是每个人都能及时获得这样的经历。
- 另一方面,对于 HR 一号位来说,咨询能力可以由外部专业机构/内部 COE 人员来代偿一部分。
- 还有,"咨询能力"如果把握不好的话,有可能影响 HR 一号位在加入公司高管团队时的融入能力。

这样做的后遗症也很严重:角色感后遗症;专业能力后遗症。

- "咨询能力"背后所隐含的角色感,可以帮助 HR 一号位有意识地与创始人、高管团队保持一定的距离,保持第三方视角。这样,HR 一号位就可以更客观地平衡员工、高管团队、创始人之间阶段性的不同诉求。这些诉求不时会出现冲突。如果 HR 一号位一味地与公司管理层站在一起,那员工对公司的信任就可能逐渐消退(他们发现,高管团队中已经没有有能力倾听他们声音的人)。
- 如果 HR 一号位在 HR 职能内消灭了"咨询能力"这种能力基因,当公司的规模到了中大之后,公司内部 HR 可能就难以有什么实质性贡献了。表象上会是:HR 不被认为有什么专业能力;偏管理型的 HRBP 类人员可能混得不错,但偏专业型的 HRCOE 类人员难以生存。对于中大规模公司来说,HR 的主要挑战就是出具类咨询的方案并管理变革。如果内部没有这样的专业能力,那么即使是很小的事情,也得期望"外来的和尚好念经"了。

接下来,就得探讨一个问题:**总经理视角、咨询能力、组织敏锐度、心力,这 4 项 HR 职能素质能力容易培养吗?**

当然不容易培养。这 4 项职能素质能力的培养,既需要有一定的知识学习，又需要一些经历的磨炼，还需要一定天赋。

有人会问：既然不容易培养，那总结出来有什么用？

第一，不容易培养，并不是说无法培养。正因为不容易培养，才更应该刻意发掘、仔细甄选、持续培养。另外，HR 一号位的这几个职能素质能力，并不比别的职能的职能素质能力更难培养。找到胜任的 CMO、CFO、CTO、CPO 容易吗？没有一个是容易的。每个胜任的 CXO 都需要一些特别的职能素质能力。所以，并不是只有 HR 面临这种挑战，其他很多职能也都面临这种挑战。

第二，对于 HR 这个职能来说，因为其可见的专业技术含量不高（比如不需要特定的教育背景），所以"职能素质能力"在一个人的总能力里面的占比就更高，得更加重视。在这一点上，HR 和营销很像，与财务、研发、法务等有明显专业技术的职能非常不一样。营销做得很好、HR 做得很好，与你上学的时候学什么基本没什么关系，而财务、研发、法务的人员，绝大部分人都是有相关教育背景的。

第三，总结和了解这些 HR 职能素质能力能让我们脱离浅层思考。比如说找"有创业公司经历"这个要求，其背后的实质要求是什么？很大一部分是"心力"。但是，能够培养和验证心力的远远不止"创业公司"这一个场景（比如，坎坷的青少年经历、裁员的经历等）。于是，可考虑的人选就多了。

本节简单分享了一下我对"做好 HR 一号位，需要什么特质"这个问题的观察、思考、实践、总结和迭代。

需要强调一下，**这不仅不是唯一正确答案，甚至连正确答案都算不上。**

这并不是故意谦虚。

实际上，每个公司都需要一个与创始人匹配的、有独特气质的 HR 一号位。相对来说，像财务这样的职能，其职能素质能力就有很强的跨公司转移性（比如大部分公司都希望财务人员是严密的、有原则的）。而HR这样的职能，其职能素质能力不具备很强的跨公司转移性（某个公司的创始人希望HR一号位像个秘书，另外一个公司的创始人希望HR一号位要充分了解员工的思想动态，等等）。

这也是HR这个职能的特别之处、有魅力之处、无奈之处：有无数可行的解题思路。

比如，我再给出一个与HR职能素质能力这个"套路"非常不同的解题思路：有很多公司都从业务部门调一个业务高管来做HR一号位。这样的高管一般在公司的时间比较长，有过重要的贡献，对某个业务领域有经过验证的能力，**创始人对其很了解和信任（甚至他就是联合创始人）**。这样背景的人来做HR一号位，很多做得也很好。

这个解题思路，显然就使得"HR职能素质能力"这个"套路"有点儿站不住脚了：这些人在HR职能素质能力上显然没有刻意培养，但为什么还能做得不错？

一个实际的原因是，确实找不到合适的HR一号位。所以，能有个对公司比较了解的人愿意去做HR工作，在短时间内肯定比随便找个HR要好得多。另一个原因是，这个业务高管有不错的高层通用素质能力，代偿了那4项HR素质能力。

前文我曾谈到几项通用素质能力——尽职敬业及自适应力（即主动性）、系统思考及解决问题、协作及领导能力、学习创新能力、沟通影响能力，这几项通用素质能力是适用于中基层管理人员的。如果到了高层，在通用素质能力上会有一些进一步的要求。

我们的"打造真高管团队"思维框架中，总结了6项"真高管通用素质能力"：

（1）能量/点燃自己/创业精神。

（2）角色感/成熟度/和而不同。

（3）方向感/设定目标/战术突破。

（4）战略共谋及协同。

（5）点燃他人/知人善任。

（6）发展组织/推动变革。

如果一个高管，无论原来是哪个职能或事业部的，在这6项"真高管通用素质能力"上比较强，被调去做HR一号位，一般做得也不会差。这6项"真高管通用素质能力"会代偿那4项HR职能素质能力的不足。

当然，一个可能的代价就是，得有一些偏专业的HR（内部或外部）去做"肥料"，以加快他的学习速度。另外一个可能的代价就是，很多优秀的HR人员都会离开这样的公司，因为看不到前途，也没人能给他们带来他们所需要的成长和发展。

以上这部分的目的就是再强调一下，"HR职能素质能力"只是无数可能解题思路中的一个。我的目的仅仅是抛砖引玉、激发思考。

本节作者为房晟陶

怎样成为一个令人讨厌的人力资源人员

最近，在偶然的机缘下，我又重读了一遍我"早年"写下的对于人力资源职能定位、角色感、如何工作的一些思考。这些文字写于2007年，当时我服务的龙湖正处于快速成长期，我成为一个公司的 HR 一号位也没多久（我应该是2006年自封为 CHO 的）。

重读这些文字的时候，我自己都可以感受到那种扑面而来的年轻气盛、锋芒毕露、爱憎分明。相比之下，我现在写的东西就会更加"圆滑"一些。

下面就把其中的几部分不做任何修改地分享出来，希望对于读者有所启发。

"怎样成为一个令人讨厌的人力资源人员"就是其中一部分的题目。因为是给内部 HR 人员用的，用了"响鼓也要重锤""正话反说"的手法，用词和语气都比较激烈。

怎样成为一个令人讨厌的人力资源人员

自诩为员工利益代言者，以"为员工谋福利"为主要的工作出发点	成为领导的"走狗"
在商不言商，满口仁义道德，过于长期	只求结果，不顾手段，过于短期
把自己委身为一线部门的奴仆	对一线职能缺乏理解和尊重
把自己变成知心大姐，想成为所有员工的好朋友	从来不接触一线员工
出一些逻辑极其完美但几年内根本无法执行的政策	见招拆招，以一个问题去取代另一个问题
越过业务经理去管理员工（工会主席）	对员工疾苦不闻不问
过于女性化，过于阴柔	过于男性化，过于简单粗暴
言轻不劝人，金口玉言	说话没遮拦，不经大脑
搞政治	不懂政治

(续)

过于人际导向	缺乏人际敏感度
过于服务	过于强势

回顾点评：这部分的写法是对比两种极端。这两种极端都会导致人力资源人员令人讨厌。优秀的 HR 需要在这两种极端中找到自己的平衡。把这些写出来也是为了减少 HR 人员相互的鄙视。比如，有的 HR 瞧不上另外一个 HR 总是走上层路线，成为领导的"走狗"，可是他自己总是想把自己变成知心大姐，想成为所有员工的好朋友，从而不怎么关注领导的要求和期望。这两种倾向都是要反对的。

人力资源负责人与总经理的关系

人力资源负责人与总经理绝对不仅仅是个行政上下级关系。人力资源负责人要成为总经理可信任的"回音板""顾问"甚至"导师"，以提供原则性、规劝、倾听等。要想承担这样的角色，需要正确的态度与能力。

当人力资源负责人与总经理的关系没有达到这个水平的时候，基层人力资源人员是很难做的。

如何做到呢？

- 对组织的使命以及价值观要有深刻的理解。
- 对人力资源职能的使命要有深刻的理解。
- 要有正气，敢于表达，坚持做正确的事情（但要在理解以上两条的基础上）。
- 了解总经理的优点、不足及特点（从当期业务对于组织能力及气质的需要角度去考虑）。
- 关心总经理关心的问题（总经理视角）。
- 在代表公司与维护员工利益之间取得平衡，但首先要站在总经理一边。

- 了解业务，达到能够与总经理对话的程度。
- 应主要提供专业意见及智慧。缺乏智慧支撑的技巧就是术，偶尔为之可以，但要慎用。
- 管理自己在组织内的形象（服务者、后勤支持、老板秘书等是错误的形象）。

回顾点评：这里所说的人力资源负责人，指的是一个业务单元的HR一号位，比如一个区域公司的HR一号位［管理全HR职能的通才（generalist），一般会有几个HR下属向其汇报］。一般在这种定义下，一个公司会有很多人力资源负责人，而不是只有一个集团CHO。同时，这个人力资源负责人的级别跨度也比较大，有些就是高级经理级，有些就是总监级，有些甚至是副总经理级。但不管人力资源负责人的级别如何，在处理和业务单元总经理的工作关系上，都有共同的挑战。业务单元人力资源负责人需要向业务单元总经理和集团CHO双线汇报，两方面都是实线。

如何确立一个业务单元的人力资源工作思路

第一步：确定范围。
充分了解职能的使命、工作对象、工作系统、客户。

第二步：收集信息，了解现状。

- 业务目标、策略；员工满意度；外部竞争环境（业务及人力资源方面）。
- 最让总经理及其上级担心的问题是什么（让他们睡不着觉的）？

第三步：确定优势及不足。
确定组织能力及气质适合竞争的方面以及存在差距的方面。

- 在形成观点的过程中要与主要人员沟通。
- 要用简单明了、生动的语言来总结。
- 对每个观点最好有推理以及实际的例证。

第四步：确定加强、保持、改进的重点。

并不是所有的优势及不足都可以改变，必须平衡资源及先后顺序。

第五步：对每一个要加强、保持、改进的重点在人力资源职能系统中找到相应的工作。

- 战略发展及部署体系。
- 组织评估及设计与变革管理。
- 企业文化，员工关系及沟通。
- 人员招聘、培训、发展、薪酬、福利。
- 工作与生活的平衡。

第六步：整合成一个个某单个人可以管理的小工作任务。

在确定工作思路中容易犯的错误的倾向：

- 把整个组织的能力等同于几个职能能力的总和。
- 把组织的能力等同于个人能力的总和。
- 把各部门经理当作首要的客户。
- 把人力资源工作做成了"人"的工作。
- 见招拆招，各部门需要的就是我的主要思路而不是主动去引导（需要咨询、影响）。
- 把与各部门经理达成一致意见当作目标。
- 与总经理及总经理的上级完全没法沟通（想的不是人家关心的，用的语言人家也不容易理解）。
- 把人力资源工作理解成几个模块的工作。

要：

- 把整个组织当作整体来看（组织整体的能力及气质）。
- 从总经理及总经理的上级的角度来看（总经理视角）。
- 从2～3年的时间维度来看一个组织的能力与气质。
- 先从外部看，再从内部看。
- 战略性放弃，容忍组织或组织的一部分在某段时间内的痛苦及无序（组织敏锐度）。
- 主动去引导而不是被动反应（咨询能力）。

不然的话会出现以下现象：

- 见招拆招，总是在做着业务经理提出来的短期的、点的工作。
- 业务单元人力资源负责人逐渐被边缘化，跟总经理根本对不上话。
- 逐渐变成行政经理甚至秘书。
- 人力资源人员总是费力不讨好，成了"怨夫""怨妇"。
- 人力资源基层人员越来越忙，但毫无方向感及成就感。

回顾点评：没有这些指引，很多人力资源负责人根本不知道怎么确定HR的工作思路，更谈不上策略。比如，有些人就以征求各部门负责人的意见为出发点；有些人以业务单元总经理的要求为全部出发点；有些人以员工满意度调研为出发点。这些都是应该考虑的，但如果没有总体的、独立的策略和思路，这些做法都是部分人力资源人员免责性的、不动脑子的"混法"。

职能使命

职能使命：我们管理组织的能力及气质以帮助公司夺取一个个阶段性的胜利。

我们研究和工作的对象：个人、组织、文化。

职能所涉及的主要工作系统：

- 战略发展及部署体系。
- 组织评估及设计与变革管理。
- 企业文化，员工关系及沟通。
- 人员招聘、培训、发展、薪酬、福利。
- 工作与生活的平衡。

对人力资源人员的主要素质能力要求：

- 专业能力：以上所列主要工作系统相关的专业知识技能。
- 软性能力：总经理视角、咨询能力、组织敏锐度、行政能力。

回顾点评：关于软性的几个能力——总经理视角、咨询能力、组织敏锐度、行政能力，请阅读本书中"做好 HR 一号位，需要什么特质"一节的内容。其中，"行政能力"没有太多强调，是因为后来人力资源不兼管行政了。既能做好人力资源又能做好行政，不能说不可能，但确实比较难。

另外，请注意以上分享的四个部分的内容，在当时的文件中的顺序是倒过来的：先是"职能使命"，再是"如何确立一个业务单元的人力资源工作思路"，然后是"人力资源负责人与总经理的关系"，最后才是"怎样成为一个令人讨厌的人力资源人员"。本节把它们的顺序调过来了，从"最生动"的部分开始倒着来写。

最后来总结一下。为什么要分享这些内容？

一个公司的人力资源职能要想做好，就要有明确的使命和定位，之后制定当期策略、确定关键任务、选择专业方法论、培养关键技能。

但是，人力资源这个职能不是个标准件，没有标准的使命和定位，尤其对于成长期的公司来说：每个一号位、每个高管团队对人力资源职能的想象都不一样（有些一号位实际上希望 HR 是秘书，有些一号位实际上希望 HR 是"东厂"）；每个 HR 一号位（不管是从业多年的 HR，还是从业务转过来做 HR 的）对于 HR 该干什么、与 CEO/总经理应该建立怎样的关系的想象也不一样。相对来说，财务、销售等职能应该干什么、怎么衡量有相对通用的标准。

这是个关键挑战，也是人力资源从业者必须面对的现实。我的建议是，人力资源职能的使命、定位是做出来的，而不是别人给的；不要等待别人给你定位，而是要以价值创造为导向，主动地给自己定位，并把这个定位做出来。

本节作者为房晟陶

何为"用生命影响生命"

我一直强调一个观点：如果你想在人力资源领域长期做得好，在某种程度上，你要有一种**"非营利"的心态**：如果你去观察非营利领域，真的没有多少人会给他们认可，得到的全都是非议、压力和不理解，这时候你怎么能够前行？

如果你自己不给自己定义成就感，如果没有强大的内心，你是做不了这个事情的。这背后需要有两个原动力。

第一个原动力就是**对美好社会的向往**。用在我们工作上（人力资源/组织工作），就是**"对美好组织的向往"**。我们公司的使命是"赋能领导团队，共创美好组织"，跟这个有直接的关系。

你为什么愿意去做人力资源工作？你赚不了多少钱，也有很多的非议；你现在做的很多事情，都要到很多年之后大家才能够理解；很多创始人也不是那么靠谱。那为什么要去做这个工作，而且还要长期做呢？长期做下去前途也一般。就是因为你有对美好社会、对美好组织的向往。

第二个原动力是**服务精神**。人力资源主要的难点在于影响一号位和核心高管团队。尤其是影响一号位，你怎么才能影响他？凭能力、凭聪明你就能影响他吗？**服务精神最核心的一点就是要"用生命去影响生命"**。

包括你对孩子的影响，在某种程度上，就是因为你是在用生命去影响生命。所以我们如果想对某些人产生最深刻的一些影响，没有深刻的服务精神，不能理解什么是"用生命影响生命"的话，力量就是不够的。如果你想在人力资源/组织方面长期发展的话，你要去跟自己做个对话，你的这种原动力够不够？

服务精神不是简单地作为支持部门去给别人服务。你会发现每个人都有他的优点和不足，有些优点和不足是非常深刻的，它来自原生家庭。那你怎么去接受他，你知道他也很努力，但他改变不了，他也不是故意就想这样做，你在心理上能不能真正地接受他，然后**充分地发挥他的优势，通过组织的建设，通过结构性地牵制去遏制他的一些问题**。

同时，"用生命影响生命"也包括你对这个关系的承诺。就是说，**人只有在自己非常信任的关系里面才愿意被改变，尤其是很厉害的人**。因此关键在于他对你有没有最深刻的安全感——不管在什么时候，他都不可能在底层上背叛你。你要付出很多，才能建立这种深度关系。

比如，你在一个公司作为人力资源一号位，讲的是一起奋斗，而你一转眼就跳到一个同行业公司去了。你说别人会怎么看你？别人会怀疑你说的那些都是真的吗。所以对我来说，要离开就不可能去任何一个其他同行业公司工作。不然的话，你说的那些东西，你自己都放弃了，他人也不会信。

很多时候作为 HR 在内部要想去影响一号位跟高管确实挺难的，会有无力感，你需要抓住两点。

第一点是"**如果我不相信你这个人，我也不会相信你所说的所有事**"。本质上是否相信你的能力、你的学习态度、你的责任心、你的角色定位，是很重要的，因为你的态度和角色定位已经决定了别人是不是真正相信你。你如果没有担当的态度，别人怎么会相信你？当你有了角色定位之后，别人就觉得很安全，可以指出你不正确的地方，你也得听着，因为这是你的角色。但如果没有这种角色定位的话，我觉得信任就已经丧失了一半，因为组织上的工作，你总是可以找到无数的理由反驳。

第二点是"**很多 HR 还是能够给人安全感的，但大量 HR 是不能给人兴奋感的**"。所以你去提出一个方向策略，光有安全感是绝对不够的，安全感不是信任感，你还要有兴奋感。

以上这些都是用生命，用那些你人生中最重要的东西，时间也好，机会也好，去影响其他生命。

在生活中很多情况都会有体现——古语说嫁鸡随鸡，嫁狗随狗，多多少少也有一点儿。就是你**真正能接受他的优点和不足，陪着他一起走弯路**。如果你整日抱怨别人不听劝，你这就不是在用生命去影响另一个生命。

在这个过程中，HR负责人这个角色是要承受很多非议和压力的。你如果一味顺着一号位，简直变成了"狼狈为奸"的关系。如果你不能**保持一种积极正向的角色**，坚持你的原则和底线，你这也不是在用生命影响生命，你只是在"用生命迎合生命"而已。

2003～2004年，我在做咨询公司时的使命就三条：第一条是增强企业竞争力；第二条是改善员工生活质量；第三条是提升国民文化。

你会发现很多公司自己做得很好，但是员工的生活质量很差。为什么不能做到双赢呢？老板们赚的钱很多，员工的生活质量很高，员工的市场价值也很高。但是做到这两点还不够，公司能不能通过自己好的经营、好的管理，为社会增加一点儿正能量的东西，去提升国民文化呢？

再追溯源头，就要回到大学时期去想自己的使命。当时我给自己定的一个问题就是研究：一群人怎么能高效愉快地组织起来。这就是最源头的动力，也是对美好社会的向往。另外一个"服务精神"是在之后才逐渐感悟的，因为**只有对美好社会的向往是不够的，你愿不愿意投身其中，躬身入局？你改变不了其他人，你只能改变自己。**

本节作者为房晟陶

缺乏进攻性，是HR上不了台阶的普遍原因

HR缺乏进攻性，对赢、战场、战略、策略、武器、创新等这些词语就不会敏感，无法给自己以及自己所辖的HR团队更有价值的定位。缺乏进攻性，是HR上不了台阶的普遍原因。

本节所说的进攻性，指的是对外的进攻性、竞争性，而不是对内的人际攻击性或怼人能力。有进攻性的人不一定是咋咋呼呼的。

HR缺乏进攻性，会有两个比较直接且明显的影响。

第一个最直接的影响就是HR与一号位的关系。

缺乏进攻性的HR整天想的都是风险、管控、稳定等，遇到大事往往容易从"不输"开始，而不是首先从"想赢"开始。

每个一号位都面临着巨大的增长压力，他们一般不会首先想防守，但这并不意味着他们忽视防守，他们要首先想好进攻，再考虑攻守平衡。有些时候，进攻才是最好的防守。有人说，防守不好的球队成不了冠军，可是别忘了，没有好的进攻，球队可能连小组赛都出不了。

缺乏进攻性的HR，也通常不善于与一号位一起走弯路。胜败乃兵家常事，如果失败时，HR总是扮演那个"我当时就说过"的角色，他对一号位来说会逐渐成为那种令人烦躁的屁股痛，而不是让人深刻的心痛。

我想的是"赢"，你想的是"不输"。在这种关系下，那种"一拍即合的野心和共同看见的未来"根本就不可能出现。这样的HR就难以与一号位同频共振、战略共谋。

第二个直接的影响就是，缺乏进攻性的HR，很难有识别高能级人才的能力，也很难建立培养高能级人才的人才选育用留系统。

虽然 HR 不是专门看人的（业务高管是看人用人的主体），但是他们所建立的人才选育用留系统毫无疑问会反映 HR 的人才审美。不理解进攻性的 HR，怎么可能欣赏和吸引得了进攻性人才，以及那些先进攻再防守的人才？

与此相关，HR 的人才审美与一号位的人才审美也形成不了相互促进的状态，反而容易形成相互抵消的关系。假以时日，HR 也会逐渐被边缘化成为操作者。

以上这两个影响，是比较容易看到也是比较容易理解的。但是，HR 缺乏进攻性，还有几个更深刻的影响。

第一个是对于战场的定义和选择。

换句话说，就是在何处竞争，以及竞争什么？

缺乏进攻性的 HR 很容易把自己局限在六模块三支柱的一亩三分地里。有进攻性的 HR 可以从更广阔的视野、更大的空间、更长的时间去定义自己的战场以及战略意图。

比如，从 HR 视角转向"组织全局视角"就扩大了战场的空间。我这个组织怎样打赢另外一个组织？把竞争从"一群人与一群人"的竞争，变成了"一群人＋战略＋价值观＋流程机制系统"与"另外一群人"的不对称竞争。

再比如，表面上，我跟你竞争的似乎是人才（比如校园招聘）、专业资源（比如猎头资源），但实际上，我选定的战场和意图是要建立"把有潜力的学生发展为有竞争力的高层人员的能力"，即我们平时所说的"内部造血能力"。在看得见的地方，在短期内，在小的空间内，大家的动作好像是相似的，但背后在更长的时间内，在更大的空间内，各自对于战场及战略意图的定义是非常不一样的。有表面的，有内部的，有长期的，有短期的，战场及战略意图的层次变得更加丰富。

在组织的快速成长期或者问题扭转期，HR 的进攻性更容易保持。但是在组织的平稳发展期 HR 如何保持进攻性？即使在这种阶段，HR 也可以保持进攻性。比如，如何对抗成功之后的惰性，未雨绸缪地培养几年后组织才会需要的能力和气质？再比如，如何对抗组织的惯性，让原本使组织成功但现在已经变成问题的能力和气质逐渐消失？这些就是从未来看现在、过去。"复兴"组织曾经具备但现在已经失去的优点，这就是与过去连接，把过去变成竞争优势。打通过去、现在、未来，这就是时间感。

更广阔的视野、更大的空间、更长的时间，这些都会带来对于战场、战略意图的层次丰富性。

第二个是战略和组织之间的辩证关系。

没有进攻性的 HR 容易对"战略"盲目崇拜，经常把一号位及业务高管"说的战略"当成"真的战略"，迅速就去匹配组织动作。几个月后，一号位及业务高管"说的战略"变了，HR 就傻了。若抱怨和反抗，还会得到一个"不懂业务""不善于拥抱变化"的评价。

有进攻性的 HR 知道，战略只能保证大致方向正确，组织充满活力更加重要。而且，不管什么战略，都需要一些基本的通用能力。比如，不管是差异化战略，还是低成本战略，都需要系统思考能力，都需要学习能力。

有人才有能力，战略就是任人打扮的小姑娘。没人才没能力，战略就是从豪言壮语到胡言乱语到不言不语的一场酒戏。

有进攻性的 HR 会发现，在很多时候，组织策略比业务战略更加重要，更加先行，于是，他们就把自己从"后队变前队"了，把别人眼中的支持工作、后勤工作变成了"前线"工作。

而且，正是因为他们在组织方面的前置性工作，业务战略的选择空间大大增加了。当然，他们在做这些前置性工作、未雨绸缪的工作时，一定要抓主要矛盾，抓矛盾的主要方面，不仅要拒绝面面俱到的诱惑和安全感，还要抵御业务高管的种种不理解。

第三个是对于武器的定义和重视。

当 HR 具有进攻性的时候，他们就自然会去寻找各种进攻型的武器。

有进攻性的 HR 会更有意识地扩大武器库。比如方法论、价值观、思想、流程机制系统、组织治理等，都可以变成进攻型的武器。缺乏进攻性的 HR 一般不会操练和储备这些武器。

还有就是怎么使用武器。比如六模块三支柱这些传统武器，大部分 HR 都懂，日常也都在这方面花大量时间。但不同 HR 使用这些武器的成效差距巨大，为什么？以进攻型的策略去引领这些日常的重复性工作，与完成任务式地去做这些工作，两者之间的差距是巨大的。

与武器相关的是"创新"。有进攻性的 HR 才会更加理解创新对于打赢的重要性，从而去研究什么样的文化和氛围更利于产生创新。如果缺乏进攻性的话，他们默认的文化实际上是"秩序"。有了进攻性，HR 才会更理解"秩序"与"混乱"之间的辩证关系。

缺乏进攻性可能的影响还有很多，本节就点到为止。市场需要大量有进攻性、有谋略的 HR，而不仅仅是专业、职业的 HR。写本节的目的就是希望更多的 HR 能够上个台阶，为企业的发展做出更大贡献。

同时，本节也是为了提醒一号位及业务高管们，换一个角度去理解和定义 HR 这个职能，不要随意把人力资源工作定位为一个支持型、后勤型的工作。很多想进攻的 HR 也是被领导们对他们的"后勤支持定位"给压制了。

本节作者为房晟陶

创始人叹优秀 HR 难寻，不少 HR 却怨怀才不遇

因为工作的原因，我经常和两类人群深度交流：企业创始人和 HR 中高层。春节前后这段时间尤是如此。

和企业创始人交流时，常常听到他们感叹"优秀的 HR 难寻"：

- 我们这个 HRD，关心员工感受，干活细致，员工都很认可，就是高度和视野不够。
- 我们这个 HRVP，把绩效流程梳理得很清晰，执行力强，就是太生硬，我总觉得哪儿不对。
- 我们这个 HRVP，做过咨询，专业高度还可以，就是实操经验不够，不接地气。
- 我们这个 CPO，招人、培训、绩效都弄得不错，就是不重视文化管理。
- 我们这个 CHO，行活还行，开放度和灵活性不够，我很多组织上的新想法都没法试。

……

于是，聊着聊着他们一般会说这么一句："有好的 HR，帮我推荐推荐，一起聊聊。"

和 HR 中高层交流时，却是另一番景象，话题常常不知不觉走向"怀才不遇"：

- 我们强调了上级和下级每个月要 1 对 1 面谈，但是只运行了 1 个月。
- 我们原本定了要推行价值观考核，但创始人不愿给高管打分，就只好作罢。

- 我们明确了素质能力要求，引入了基于行为的结构化面试方法，但高管还是用自己的套路。
- 创始人经常在外学习，回来就折腾组织，其实他学回来的我都知道，但并不适合我们。

......

于是，聊着聊着他们一般会说这么一句："你见的企业较多，如有什么好机会，请帮我留意。"

曾几何时，HR 还算是个相对稳定的职业，不少人当初选择做 HR，就因为这个优点。可如今，HR 怨怀才不遇，创始人叹人才难寻，HR（尤其是负责人）似乎成了高危职业。前文提及的 HR 高中层，都有十年以上的工作经验，他们尚且如此，在仍处于创始人时代的快速发展的企业中，HR 六年七换也就不难理解了。

是什么原因，造成了这样的窘境？我们认为，**在创始人时代，创始人更需要的是"组织创业及创作"的合伙人**，对 HR 的期待不止于人岗匹配，还有战略协同、文化塑造、组织进化等。但是市场大量供给的 HR，往往只是在人才管理方面驾轻就熟，能把人才管理和文化塑造"双剑合璧"也算是难得了。

这种"供需不平衡"如何破局？本节给出几点小建议，供大家参考。

- 先给创始人一个建议，组织工作，创始人须躬身入局；有些工作可由非 HR 高管承担，或善用外部专业资源。
- 再给 HR 一个建议，在专业方法论之外，也要注重工作方法论。
- 最后给 HR 和创始人一个共同的建议，一起丰富组织想象，并基于此形成组织策略。

先说说给创始人的建议：组织工作，创始人须躬身入局；有些工作可由非 HR 高管承担，或善用外部专业资源。

身处移动互联网时代，创始人很容易大致了解一些标杆企业的组织实践：

- A 公司 CPO 的一个访谈录，主题是"HR 如何让价值观落地"。
- B 公司 CHO 的某次活动分享，主题是"HR 如何打造人才链"。
- C 公司的前 HRVP 在某平台授课，主题是"HR 如何操盘价值评价和价值分配"。
- D 公司的 HRD 撰文分享经验，主题是"HR 如何做好员工服务以提升员工敬业度"。
- ……

这些信息容易在两方面产生误导：**对 HR 产生了不切实际的全面性期待；结构性忽视了创始人在组织工作中的决定性作用。**

事实上，不同公司的 HR 工作重心可能有所不同。上述 A、B、C、D 公司的 HR 大咖秀，秀的都是自己的看家本领，但是听众不知不觉把各大咖的看家本领整合在一起，构建了一个对 HR 负责人普遍期望的理想形象——"十八般武艺样样精通"。

此外，上述 A、B、C、D 公司的大咖秀的重点都是 HR 的成功之道，创始人的作用不知不觉沦为背景，甚至被忽略不提。这就让不少创始人听众产生错觉：HR 可堪大任，组织方面的事情可以完全托付给他，他甚至应该是组织的"二号位"（不排除这种可能性，但其实并不普遍）。

对此，我想给创始人的建议是：

第一，组织工作创始人必须躬身入局。创始人也可以去了解一下上述 A、B、C、D 公司的创始人对组织的重视，在组织上的投入，以及在组织工作上的角色感。前文提到了首席组织官（COO）的概念，首席组织官功能的实现在创始人时代离不开创始人（虽然创始人可以和职业 CEO/ 总裁、首席运营官、CPO/CHO 共同实现这个功能）。

第二，具体的组织工作的推动，不一定要全部依赖 HR，其他业务高管也可以承担。这种例子比比皆是：阿里巴巴最初的价值观生成及价值观考核，时任首席运营官的关明生就起到了很大的作用；某公司基于平衡计分卡的战略绩效评价体系以及相关的激励政策，是由首席财务官设计和推动的；某公司从职能架构变革为职能—项目矩阵架构，是由首席运营官推进的；某公司的员工培训体系，是由总部主管营运的副总裁搭建和推进的……

第三，善用外部专业资源也是个不错的思路。以华为为例：早年请中国人民大学的教授合作制定《华为基本法》；后来引入了 IBM 专业团队推进 IPD 建设；再后来借助合益的专业咨询服务搭建人才任职资格体系。

总之，在组织工作上，创始人不能完全依赖一个全面的 HR，自己甩手不管，创始人须躬身入局，有些组织工作可由其他高管承担，或善用外部专业资源。

再来简单说说给 HR 的建议，在专业方法论之外，也要注重工作方法论。

很多 HR "见"过不错的组织，但是未必"建"过组织。"见"和"建"虽一字之差，但有本质不同。而处于创始人时代的快速发展的企业，本质需求是"建"组织，是"组织创业及创作"。

"见"过一些组织，知道人才、组织、文化管理的诸多专业模块，理解不同模块之间的关系，这还只是在专业方法论上的积累，生搬硬套无法在创始人时代的快速发展的企业中干成事。

如果没有工作方法论的支撑，就容易"怀才不遇"，就容易陷入"我说的是对的，你们为什么不听"的局面（见图 6-1）。

图 6-1 "我说的是对的，你们为什么不听"

什么是工作方法论？简而言之，就是回答"专业方法"如何在实际中运用。比如：

- 是否注重从解决问题出发，而不只是从专业正确出发？
- 是否兼顾了下一阶段发展的需要，而不是只满足当下？
- 是否以提升外部适应性、塑造对外竞争力为牵引，而不是仅仅以内部和谐为目的？
- 是否意识到组织工作要最终变成组织能力和习惯才算闭环，专业设计的工作量往往只是 1%，还有 99% 在于沟通和赋能？
- 是否有意识先做试点，持续迭代，积小胜为大胜，而不是快上大上搞运动，三周热血，阶段性踌躇满志，持续性混吃等死？
- 是否有意识把专业工具产品化，降低使用成本，而不是给使用者提供一堆烦琐的专业表格和文档，让业务经理望而生畏？
- 是否善于抓住或创造高频的使用场景或高价值场景，让组织刻意练习？
……

只有专业方法论，就容易陷入"经验主义"的泥潭；有了工作方法论的支撑，就可以提升专业方法的演绎性，贡献于"组织创业及创作"。

对有志于形成"组织创业及创作"伙伴的HR和创始人，我的建议是：一起丰富组织想象，并基于此形成组织策略。

具体谈这个建议之前，需花些篇幅说说什么是组织想象，以及组织想象从何而来。

组织想象这个词，是借用米尔斯的《社会学的想象力》(*The Sociological Imagination*)中的提法。我认为的组织想象，是指"怎么看待组织"的观点体系，其中的各种观点相互联结，如同拼图的一块块拼板一样。

组织想象从何而来？主要来自"经验"和"先验"。

从经验而来的组织想象，就是指从自己经历过或近距离观察过的组织中获得的一些看待组织的观点。比如：

- 有军人经历或从小生长在部队大院的人，有可能有服从命令、强执行力、打硬仗、危机感等组织想象。
- 在企业工作多年的人，有可能有职业化、理性决策、尊重员工权利等组织想象。
- 高校毕业后直接创业，学生会或社团可能会提供组织想象的输入，公司可能会有学生会和学生社团的影子。

……

所谓"先验"的组织想象，就是指并非基于自己亲身经历或近距离观察，而是基于一些基本假设和推演，形成的一些对组织的观点。比如：

- 听到某创始人讲创业初期商业模式不确定，使命、愿景、价值观能发挥很大作用，就意识到了使命、愿景、价值观很重要。
- 听到某创始人从员工思维（愿不愿意）、员工能力（能不能够）、员工治理（容不容许）三个维度分享如何鼓励创新，就意识到了激发人才、激活组织是创新的关键。
- 听到某公司为了实现端到端的交付，打造了流程型组织，就意识到流程是客户价值交付的重要保障。

……

在此，我还要特地强调一下，**"各种观点相互联结"的组织想象才是有质量的组织想象**。就拿有关"矩阵架构"的组织想象来说：

- 在组织结构的形式上是矩阵架构。
- 矩阵架构中需要双向汇报的人要有较强的影响和推动协作的能力。
- 要有"低权力距离"的文化，谁对听谁的，而不是谁级别高听谁的。
- 项目例会确保了矩阵架构下决策的速度，项目专题会确保了决策的质量。

……

上述各种观点相互联结，才支撑了有质量的对于"矩阵架构"的组织想象。

弄清了组织想象，对有志于形成"组织创业及创作"伙伴的 HR 和创始人，我们再来细说给他们共同的建议：一起丰富组织想象，并基于此形成组织策略。

HR 和创始人不可能有完全一样的组织想象，但如果他们有一些交集的话（往往是基于经验），可以进一步一起丰富组织想象。这个过程，就是要从经验的泥潭中摆脱出来，增加先验的部分；就是要使看待组织的各种观点相互联结，如同拼图的一块块拼板。这个过程，是 HR 和创始人彼此互相激发和整合组织想象的过程。

在此过程中，HR 也可以进一步判断，创始人在组织方面的天赋。注意，不是简单地回答是否有天赋，而是找到创始人最自然、最趁手、最有热情、更有偏好的组织工作兴趣点。同时，创始人也可以感觉一下，HR

在组织方面的创作能力（既包括专业方法论能力，也包括之前提到的工作方法论能力）。

如果说，HR 和创始人在组织想象上一起丰富，是为了形成精神底色的握手；那么在组织策略上的共识，是为了形成创作路线的同盟。

所谓组织策略，就是战略性组织能力和文化的选择。**组织策略为组织迭代提供方向，它将决定在组织方面以什么为重点去开展工作。**HR 和创始人的组织想象也会直接体现在组织策略的选择上（注：核心领导团队其他成员也会参与组织策略的讨论）。

没有组织策略，就会要求组织工作面面俱到、全面开花，但最后都由于资源精力有限浅尝辄止，而且这样也会对 HR 提出过于全面的要求。有了组织策略，就能够大处着眼，小处着手，找到高杠杆的组织工作切入点，形成独特的竞争优势，最后还能以点带面。

前文提到的 A、B、C、D 公司的 HR 大咖秀，秀的都是自己的看家本领。这些看家本领，都是基于所在公司那个发展阶段的组织策略选择而练就的。

费尽笔墨，写了这么多，主要就是给叹人才难寻的创始人和怨怀才不遇的 HR 一些宽慰。

再回顾一下我的几点小建议，供有需之士参考：

- 先给创始人一个建议，组织工作，创始人须躬身入局；有些工作可由非 HR 高管承担，或善用外部专业资源。
- 再给 HR 一个建议，在专业方法论之外，也要注重工作方法论。
- 最后给 HR 和创始人一个共同的建议，一起丰富组织想象，并基于此形成组织策略。

本节作者为左谦

后记
• POSTSCRIPT •

一群各有毛病的人，有可能建立美好组织吗

本书以相对乐观、理想、理性、工程的视角探讨了"组织""美好组织""如何建立组织"这些议题（主要是企业组织）。

但是，一群各有毛病的人，有可能建立美好组织吗？

对于这个问题，回答"肯定可能"的人，倾向于是理想主义者。

回答"不可能"的人，倾向于是现实主义者。

理想主义者一般会指责现实主义者缺乏改变现实的勇气、玩世不恭、自私自利。

现实主义者一般会嘲笑理想主义者缺乏面对现实的勇气、适得其反、狂妄自大。

在现实中，确实没有多少组织称得上"美好组织"。曾经红极一时的"美好组织"，很少能够持续美好，更多的是已经"泯然众人"。

但是，确实有一批又一批的"美好组织"不断撩动我们的心弦，不断更新着"美好"的标准。更让人振奋的是，创造了这些"美好组织"的人，也都不是什么"天生丽质"的完人。他们也都是各有毛病的普通人。

对于"组织"这件事，我们应该做个理想主义者，还是应该做个现实主义者？

我们应该相信什么？

唯一可以相信的是，不管是理想主义者还是现实主义者，他们都难以割舍心中"对美好组织的向往"。

为什么难以割舍？

因为美好组织对于实现真正的、广泛的个人自由与尊严至关重要，同时也对集体及社会的持久强大有积极影响。

谁来领导"建立美好组织"这样的艰巨工作？

每个美好组织的背后，都需要既理想又现实的"首席组织官"。这也是本书定名为《首席组织官：从团队到组织的蜕变》的原因。

我们希望本书所探讨的内容对组织领导者、组织专业工作者有所启发。